Ibrahïm Bey

TRENTE-CINQ ANS DE DOMINATION BRITANNIQUE EN ÉGYPTE

Édition de la Librairie Nouvelle de Lausanne 1919

Editions de la Librairie Nouvelle de Lausanne

Les origines de la guerre et l'avenir de l'Europe. Discours prononcé devant la grande commission du Reichstag par le Chancelier de l'Empire allemand, le 9 novembre 1916 . . . . Fr. 0.20

Le pays de la Morava, suivant des témoignages serbes. Etudes d'histoire et d'ethnographie, avec une carte hors texte, par St Tchilinghiroff . . . » 4.—

La Main noire, par le Commandant Dobrivoï Lazarevitch, IX régiment d'infanterie serbe . . . . » 2.00

Les intrigues anglaises contre l'Islam, par Mahomed Farid Bey . . . . » 0.80

La Tunisie et l'Algérie, par le Cheik Ismaïl Sefaïhi, ancien Cadi de Tunis et le Cheik Saleh Cherif, ancien professeur à l'Université Zeitouna de Tunis » 0.60

La Géorgie et la guerre actuelle . . . . . . » 0.60

La Perse et la guerre européenne, par un patriote persan . . . . » 0.60

En Algérie. Les corruptions de la religion et des mœurs indigènes, par un musulman Algérien . . » 0.60

Où est le vrai péril ? Deux Suisses, plus de Suisse, par Jacques Kohler . . . . » 0.60

Un peuple en armes, avec l'armée allemande sur le front occidental, par Swen Hedin . . . . » 1.80

La Pologne et l'Autriche, par Kulczycki . . . » 0.60

Les soldats musulmans au service de la France, par Boukabouya, lieutenant indigène des tirailleurs algériens . . . . » 1.—

La Macédoine et les Bulgares, avec une carte, par E. Küpfer, maître au collège de Morges . . » 0.75

La Basilique de St-Quentin, ses rapports avec la science, sa destinée dans la guerre mondiale, par le prof. Dr. R. Dreiling . . . . » 0.60

La destruction de la Collégiale de St-Quentin » 0.60

L'avenir de la Pologne prussienne, par Stanislas Ploszowski . . . . » 0.60

La question, opinions de patriotes belges, par Jules Darcourt . . . . » 1.—

Raison d'Etat de l'Italie et la cause polonaise, par Ladislas Studnicki . . . . » 1.—

Raison d'Etat de la Roumanie et la cause polonaise, par Ladislas Studnicki . . . . . » 1.—

La politique orientale de la Russie, par Salih Munir Pacha, ancien ambassadeur de Turquie . . » 8.—

35 Years of British Rule in Egypt, by Patrick Steel Hardy . . . . » 5.—

Le sort de la Perse, la politique anglaise dévoilée » 2.—

Le carnet d'un Boche en France, par Victor Auburtin . . . . » 1.—

L'Egypte aux Egyptiens, griefs, justifications et revendications, par Baher Sedky . . . . . » 0.80

İBRAHİM BEY

Trente-cinq ans
de domination britannique
en Egypte

EDITION
DE LA
LIBRAIRIE NOUVELLE DE LAUSANNE

1919

CHAPITRE PREMIER

Fiat lux !

Gaston Maspéro écrivit jadis l'ouvrage intitulé : *Nouvelle lumière sur l'ancienne Egypte*; récemment M. J. S. Willmore a publié un pamphlet édité en allemand et en français, sous ces titres : « Das moderne Pharaonenland ». — « La situation de l'Egypte. » — Il n'y a aucun rapport entre ces deux ouvrages, pas même entre les noms de leurs auteurs ; si nous les rapprochons c'est uniquement pour dégager l'idée maîtresse chez les écrivains modernes ou anciens qui prétendent nous informer des questions égyptiennes : *faire la Lumière*. D'autre part, nous voulons justement faire mesurer à nos lecteurs l'abîme qui sépare les deux écrivains que nous venons de mentionner. Quiconque s'est occupé de l'Egypte connaît de nom au moins Gaston Maspéro; on n'en peut dire autant de Willmore, comme écrivain du moins, et sans toucher à ses capacités comme juge et comme lumière du barreau. Jusqu'ici, il avait en quelque sorte caché sous le boisseau sa lumière de jeune de lettres; tout d'un coup il se pose sur un piédestal en pleine vue; nous nous attacherons, dans les pages qui suivent, à analyser cette source lumineuse pour savoir ce qu'elle vaut.

Ce qu'on pourrait appeler le côté « brillant et léger » (the light side) de l'Egypte, les humoristes l'avaient déjà traité à suffisance; M. Willmore veut, lui, qu'on le prenne au sérieux, et nous le suivrons sur son terrain, car, de vrai, la question est sérieuse entre toutes.

Or, il n'y a pas à hésiter : « Das moderne Pharaonenland, » est un morceau de propagande, publié en deux langues, allemand et français, pour le plus grand bien des lecteurs suisses, et de même farine que tant d'autres qu'on est habitué à nous servir depuis la guerre; il est fourni de toutes les caractéristiques d'un genre tout spécial et assez rebutant, de guerre littéraire, qui n'a rien ajouté à notre réputation ni à celle de nos ennemis et a pourtant retenu l'attention d'une partie du public à force de procédés amers et à force de verve. On a été épousseter les coins les plus sombres, pour y trouver quelques grains de poussière et comme au grand jour ils n'auraient paru que plus ternes, on les faisait danser dans les rayons lumineux projetés par les prestigieux artisans de lumière ; ils remplissaient ainsi leur office, poussés par le hasard des vents dans la plupart des pays du monde, surtout dans les neutres, de passer grâce à leur agilité et à leur éclat emprunté pour des miracles de la lumière.

« Das moderne Pharaonenland » est pailleté, d'un bout à l'autre, de ces grains de poussière que le balai a raclés des derniers recoins où ils restaient oubliés ou à peine reconnaissables par les déformations du temps et des circonstances. Autrement dit : cet ouvrage crée une telle erreur dans l'esprit du lecteur, qu'au nom même de la vérité il faut le critiquer et au nom de la justice due au public de la Grande-Bretagne, qu'on a laissé dans une ignorance phénoménale des affaires égyptiennes, et qui par conséquent ne doit pas être tenu pour responsable des fautes « d'omission et de commission » de nos administrateurs en Egypte, qui se répartissent sur plusieurs gouvernements successifs. Et sans oublier non plus ce que nous devons aux Egyptiens eux-mêmes. Toutefois qu'il soit bien entendu que nous ne nous faisons ici les champions d'aucune autre nation ni parti politique ; nous ne sommes les porte-parole d'aucune faction en Egypte. Quand nous parlons des Anglais en Egypte, nous n'avons pas en vue le peuple anglais, mais bien l'administration qui le représente en Egypte, et le gouvernement qui se fait le soutien de cette Administration. Toutes les fois que nous avons à faire à l'occupation de l'Egypte par l'Angleterre, ou au Protectorat, ou à l'annexion, nous n'en voulons pas aux soldats anglais, qui ne font qu'exécuter des ordres, ni au peuple anglais, qui au fond du cœur est trop loyal et trop chevaleresque pour que cette tache à l'honneur britannique puisse l'atteindre ; mais nous pensons avec tristesse à la couronne britannique et à la foi qu'elle a violée ; avec honte aux différents ministres britanniques qui ont fait fi de promesses solennelles ; avec colère à tous ceux qui ont terni la réputation de l'Angleterre à force de jongler avec la vérité à la face du monde du moment qu'ils n'avaient à faire qu'à l'Egypte et aux Egyptiens !

Le livre de M. Willmore veut être une apologie des Anglais en Egypte, y défendre leur situation, et mettre en évidence les merveilles que notre administration a faites dans ce pays. Au nom de la vérité, soit dit encore une fois, nous nous levons contre lui et sa défense. Que s'il nous assure que la raison d'être de ce livre est de contrebalancer la propagande allemande, nous disons que ce dessein était louable et que nous n'avons rien à y redire ; mais qu'à tordre les faits, il n'a pas rendu un service à l'Angleterre.

Il ouvre donc le feu par de violentes accusations contre les Allemands et contre certains Egyptiens qui intriguent en Egypte. Il n'y a pas moyen de discuter, du moment qu'il ne nous donne pas les faits ; car il ne suffit pas du récit en raccourci d'un ou deux incidents, dont la nature triviale ne saurait les faire servir au plus grand bien non plus qu'au préjudice de l'Egypte. Ce qui est hors de doute, c'est que, depuis le commencement de cette guerre, il a circulé bien des histoires étranges — et qui ne font pas plus d'honneur à l'un des belligérants qu'à l'autre — et que c'est montrer quelque étroitesse d'esprit que de se complaire à les étaler. De vrai, notre propre histoire a enregistré plus d'un haut fait de guerre, accompli dans de lointaines et sauvages contrées, qui en temps normal, à une époque paisible, aurait vu tout son éclat se flétrir, et sans doute même aurait rendu ses courageux auteurs justiciable de la Loi civile. Combien vrai en Égypte ! M. Willmore, juriste lui-même, le sait mieux que personne.

Si nous l'affirmons, ce n'est pas pour contester ni pour appuyer les assertions préliminaires de M. Willmore. Quant aux desseins de sa propagande, nous sommes bien éloignés également de défendre nos ennemis ; pour prendre l'Allemagne, par exemple, elle semble à même pour le moment du moins, de se tirer d'affaire toute seule. Mais nous disons en toute sincérité que, quand nous ne voudrons plus concéder à nos ennemis ce que nous ne nous refusons pas à nous-mêmes, c'est que l'esprit chevaleresque sera parti du milieu de nos armes, et que nos traditions se seront obscurcies.

Il va sans dire aussi que nous ne ferons pas même allusion à des questions telles que « l'agitation en Inde » ou d'autres, dont M. Willmore aurait été plus avisé de ne pas souffler mot. Si nous ne craignions pas de commettre, à notre sens, une grave indiscrétion, nous apporterions un démenti à M. Willmore de ses assertions ; mais, du moment que cela n'a pas de rapport avec l'Egypte, nous laissons les choses en l'état.

Par malheur, les journaux nous apportent chaque jour des faits interprétés de la façon la plus contradictoire, quoiqu'on nous dise les tenir de personnes dont la parole devrait suffire ; il n'y a donc pas à en douter, ces faits nous arrivent déformés. C'est un des tristes résultats — d'autres diront une des nécessités — de la guerre, et il ne faut pas s'étonner s'il est si difficile, tant que nous respirons cette atmosphère de fausseté, de remettre au point dans l'esprit du public, les récits courants.

Ce ne serait point pour nous une excuse pour donner un biais à notre œuvre. Les questions qui nous absorbent ici, n'ont absolument rien à faire avec la guerre actuelle, et la période dont nous avons à nous occuper se termine exactement à la déclaration du Protectorat, car dès lors on a fait machine arrière en plein.

Nécessairement notre réplique sera fragmentaire, car nous n'avons guère à ajouter à tant de volumes qu'on a écrits sur les affaires égyptiennes ; sans parler de ceux qui, sans doute, verront encore le jour. Nous n'avons qu'à nous tenir dans les limites mêmes que s'est prescrites l'auteur de « Das moderne Pharaonenland. » Des contestations, il y en aura jusqu'à la dernière page de l'Histoire de l'occupation britannique ; pour chaque : *si*, c'est-à-dire pour chaque fait avéré, il y aura toujours au moins deux : *non* ; par ces derniers nous entendons de ces nons qui pour être familiers à l'oreille n'en sont pas moins ennuyeux et ressemblent à quelque distance aux braiements de cet animal domestique, si commun en Orient, dès avant Balaam et jusqu'à nos jours.

Nous nous en prendrons donc beaucoup moins à l'auteur qu'à son ouvrage.

Un long séjour en Orient nous a convaincu que le dieu Ra resplendit encore au ciel de l'Egypte, où il a brillé des millions d'années, et d'où il lui a versé sa lumière, jour après jour, et visite les coins les plus retirés et les plus sordides, presque même les cachettes les plus secrètes des bureaux minis- tériels et éclaire toute la vallée du Nil, en dépit de ceux qui auraient voulu priver de sa vue la hutte du plus humble paysan.

C'est, prétend l'adage, notre façon de prendre les choses, qui les rend bonnes ou mauvaises à nos yeux ; pour ce qui est de la situation de l'Angleterre en Egypte, vue à la lu- mière crue de la vérité, plus nous y pensons et plus elle nous paraît misérable. Voilà la lumière que nous voulons faire sur l'œuvre à laquelle M. Willmore a consacré son effort.

CHAPITRE II

Denohavai.

Il y a tout lieu de croire que ce qui a poussé M. Willmore à rédiger son pamphlet, c'est une brochure illustrée qu'écrivit un Egyptien, en anglais et en arabe, contenant le narré de l'incident dit de *Denchavai*. Cette brochure fut répandue partout. Elle constitue par elle-même une déposition accablante à charge des méthodes du régime anglais en Egypte, et ne peut qu'avoir été mal reçue des fonctionnaires britanniques. M. Willmore en conteste donc les assertions, sans même les citer, met de côté par de hautains démentis tout ce qui le gêne, puis représente à son tour les faits sous l'angle, certainement faux, qui lui convient, et finit en attribuant cette brochure à l'intrigue germanique.

Pour aller donc au fond des choses, et mettre les faits vrais sous les yeux du lecteur, nous devons reprendre cette brochure, véritable épine au pied de M. Willmore. Elle est intitulée : « Pour ne pas oublier ». On y lit que, le 13 juin 1906, quelques officiers anglais, campés dans le voisinage, s'étaient rendus dans une propriété privée située près d'un endroit nommé Denchavai, dans le Delta, pour y tirer des pigeons ; qu'un interprète avait été prévenu par un vieux paysan que les indigènes, ayant eu leurs pigeons tués déjà l'année d'avant, par des officiers anglais en gardaient un ressentiment et qu'il fallait espérer que cela ne se renouvellerait pas ; néanmoins les officiers se mirent à tirer et il s'en suivit qu'une femme indigène fut blessée au bras, une ferme prit feu, les paysans entrèrent en fureur et une bagarre s'engagea entre eux et les sportsmen d'occasion. Dans la mêlée, trois officiers furent blessés, trois natifs contusionnés, un des officiers, le capitaine Bull, s'éloigna à grande vitesse, pour regagner le camp, et après avoir fait 3 milles à marche forcée, par une température d: 190° Fahr. tomba mort d'une apoplexie. Là-dessus quelques soldats anglais apprenant cela, attaquèrent un village indigène des deux bouts, et fendirent le crâne à un natif. « Tels sont les faits, » conclut l'auteur de : « Pour ne pas oublier », qui expose ensuite comme quoi l'autorité anglaise perdit complètement la tête et, au lieu d'envisager l'incident froidement et dans sa portée juridique, laissa les journaux anglais s'oublier jusqu'à proclamer que « les sanctions prévues serviraient d'exemple terrifiant » Toujours notre auteur pose en fait que le conseiller légal anglais attaché au ministère de l'Intérieur, pour avoir fait paraître une semaine avant le jugement, une note officielle où il entassait les griefs à charge des accusés, influençant ainsi ouvertement les juges et l'opinion, avait usé d'une manière de faire anti-anglaise, et constituant un affront au tribunal, un véritable délit. Avant même que le verdict eût été rendu, ajoute-t-il, on envoya la potence sur le champ d'exécution ; le fait a été relaté spécialement par un journal local.

La Cour de justice s'assembla le 24 juin, les juges qui composaient ce tribunal spécial, étaient « pour la plupart anglophiles » ; le décret qui règle son institution date de 1895 ; il a été émané en vue de protéger l'armée d'occupation et il semble assez élastique quant aux pouvoirs qu'il confère et à son mode d'opération. Trois jours furent consacrés à l'audition des témoins à charge, il en résulta clairement que les officiers anglais avaient été les provocateurs, que leurs manières de faire avaient suscité la bagarre, que le capitaine Bull était mort d'un coup de sang et que les coups qu'il avait reçus dans la mêlée ne pouvaient pas à eux seuls causer le malheur. Néanmoins le verdict fut rendu sur la foi des seuls officiers qui avaient participé à la bagarre. Une demi-heure leur avait suffi pour entendre la déposition des 50 accusés indigènes, et l'on se refusa même à entendre un officier de police, qui voulait déposer que les officiers anglais avaient tiré sur les indigènes.

La Cour condamna quatre des malheureux paysans à la pendaison, deux aux travaux forcés à vie, un à 15 ans de travaux forcés, un à 7, trois à 1 an de prison, et au fouet en public, enfin cinq au fouet « uniquement », à raison de 50 coups d'une corde à « cinq queues. »

L'exécution, dit encore un autre auteur, était fixée au lendemain de sorte qu'il n'y eut qu'une quinzaine entre le délit et sa répression.

Le mercredi 25 juin, à 4 heures du matin, on mena les quatre hommes condamnés à mort, et les 8 hommes condamnés au fouet, de Chibin, chef-lieu de la province de Menoufieh, ou Choubada, village à 3 ou 4 kilomètres de Denchavai. Ils attendirent là pendant 9 heures de temps que la vengeance fît son office de terreur. A 1 heure de l'après-midi, du jeudi 26 juin, ils furent conduits à Denchavai. L'autorité anglaise avait insisté sur ce point, que l'exécution se ferait à la place même et à la même heure où le délit avait été commis.

On marqua avec des cordes un cercle d'environ 1 kilom. de tour ; au centre on dressa les potences. Les condamnés étaient

escortés par des soldats anglais, des dragons, gardés eux-
mêmes par de la cavalerie égyptienne M. Matchell et le gou-
verneur de la province, surveillaient les préparatifs de l'exécution. Le fils de l'homme qu'on allait pendre en premier lieu
pria qu'on lui permit d'entendre les dernières volontés de son
père. On le lui refusa. A une heure et demie, les soldats
anglais se mirent en selle, dégaînèrent et une minute plus tard,
les exécutions commencèrent.

On pendit d'abord un homme, au milieu des clameurs
désespérées de sa famille, de ses parents, des gens de son
village, qui faisaient foule autour du cercle. Ensuite deux autres
furent fouettés par devant le cadavre qui se balançait au
gibet, et cela se répéta par trois fois, jusqu'à ce que tous les
quatre eussent été pendus et tous les huit fouettés. Cette scène
de tragédie dura une heure; « spectacle barbare et révoltant, si
jamais l'œil en a vu, scène qui arracha des larmes de pitié
et d'horreur même aux européens qui y assistaient. Aucun qui
ne répétât en se retirant les paroles d'un de ceux qu'on allait
pendre : « Maudits soient les tyrans ».

Cette journée du 26 juin demeurera dans l'histoire, une
date fatidique. Elle est digne d'être inscrite dans les annales
de la pire sauvagerie. A peine connu le récit de l'exécution
provoqua par toute l'Egypte une violente indignation. Les
agents anglais avaient atteint d'un seul jour le résultat que
le pire ennemi de l'Angleterre n'aurait su obtenir en cinquante
ans. Dès lors les poètes égyptiens ont écrit sur les exécutions des vers qui perpétueront la mémoire de scènes qui sont
un outrage aussi révoltant pour la civilisation que pour l'humanité.

A la suite de ce narré, l'auteur de « Pour ne pas oublier »
a mis une note : « L'aveu de lord Cromer », qui contient ceci :
« Dans un livre récemment publié par le Comte Cromer, sous
le titre d'*Abbas II*, nous relevons un alinéa significatif au sujet
de la Tragédie de Denchavai : « Le malheureux incident de
Denchavai qui se termina par la condamnation de différents
accusés à des peines qui — je suis prêt à l'admettre maintenant — sans être injustes n'en étaient pas moins d'une sévérité
excessive... »

Les illustrations contenues dans cette brochure sont hor-
ribles dans tous leurs détails. Ce sont des reproductions de
photographies officielles instantanées, où l'on voit les tentes
qui servirent aux prisonniers avant et après l'exécution; la
cavalerie anglaise — le 5ᵉ dragons d'Inniskilling — formant le
cercle autour du champ d'exécution; des officiers anglais à
pied, surveillant les détails de leur tâche hideuse, d'autres officiers à pied qui contemplent avec détachement le barbare

spectacle, des pauvres diables dont le sang jaillit sous le fouet qu'on est en train de leur administrer, un par terre évanoui, le cadavre d'un natif qui se balance à la poutre de la potence où l'a accroché la main impitoyable de la mort ; un autre de ces infortunés paysans égyptiens qui monte au gibet, assisté par la police indigène et par le bourreau, l'instant d'avant qu'il soit lancé dans le vide, corde au cou, et d'autres détails effroyables de ce cas terrible de vengeance officielle.

Et terrible, l'effet le fut sur ceux qui y assistèrent. Personne n'ignore dans la communauté anglaise en Egypte ni dans les cercles militaires, que plusieurs des officiers alors présents furent sur le point de donner leur démission, déclarant qu'il était contre leur sentiment de l'honneur d'assister à un acte d'une telle brutalité. Un même tomba malade et dut quitter l'Egypte.

Or, M. Willmore nous assure que rien de tout cela n'est vrai. « On sait cependant que l'affaire ne fut pas aussi anodine que cela. Elle causa la mort d'un officier, mort que l'on représente certes comme ayant été causée par un coup de soleil, mais que les experts médico-légaux ont déclaré avoir été la conséquence des coups qu'il avait reçus. On omet d'ailleurs de dire que la Cour était composée en majorité d'Egyptiens et que parmi les juges il y en avait même un (le président) qui était Ministre. Que dans cette affaire le tribunal ait été d'une excessive sévérité, c'est ce que personne en Angleterre ne conteste. Lord Cromer, qui était à ce moment-là absent, fut de cet avis. Mais quand on prétend parler au nom de la justice, il faut s'en tenir à la vérité. Or la vérité exige que l'on expose les faits impartialement, complètement, et que l'on ne fasse pas état seulement de ceux qui sont à la charge de l'accusé. » C'est exactement cela. C'est ce que nous disons aussi.

Car, à tout le moins, on ne peut pas contester le témoignage de ces terrifiantes photographies, notre auteur ne les mentionne pas seulement. Pour ce qui est de la composition du Tribunal, assurément le Président Boutros Pacha était membre du Conseil des ministres, mais il était malheureusement plus qu'insensé et pire que cela de mettre un Copte pour présider cette Cour spéciale, investie du droit de vie et de mort sur des indigènes musulmans ; c'est là aussi le facteur responsable entre tous de son assassinat en février 1910 par Wardani. Boutros était un Anglophile avéré, simple instrument de l'Agent anglais, et qui devait son élévation au poste de Premier Ministre surtout à son empressement à entrer dans les vues du gouvernement britannique. Il n'y a pas de doute, pour ceux qui connaissent les dessous de cette abominable affaire, que la Cour agit « par ordre », et l'issue du cas était conçue, discutée et anticipée longtemps avant le prononcé de la sentence. Le Tribunal était composé de trois officiers britanniques et de deux Egyptiens. Voilà pour son impartialité.

La cause proprement dite de la mort du capitaine Bull n'était pas claire ; de ce fait seul, les accusés devaient être mis au bénéfice du doute et relachés, selon la procédure britannique ou n'importe quelle autre. L'étude du témoignage des hommes de l'art qui prirent part à l'enquête médicale, ne fait que fortifier notre doute. Qu'on se rappelle un instant qu'il faisait ce jour une température exceptionnelle et ceux qui connaissent l'Egypte savent ce que cela veut dire, un jour de juin dans le Delta. La femme d'un fellah avait été blessée, il s'ensuivit une bagarre pour s'emparer du fusil de l'officier qu'on avait en vue, les coups de cannes et de bâtons pleuvaient de côté et d'autre, et il est avéré que l'officier en question fut frappé violemment. Sur quoi il fit une marche accélérée de 3 ou 4 kilomètres et, selon un autre rapport, « il succomba à la fatigue, au coup de soleil et aux sévices... » Toutefois l'enquête après décès établit avec certitude que la cause première était le coup de soleil. Le Capitaine Bostock (officier médecin), déposa que, selon son examen superficiel du cadavre du Capitaine Bull, il avait conclu à la mort causée par l'ébranlement du cerveau et par le coup de soleil. « Le Dr Nolan, par ordre de lord Cromer, fit subséquemment un examen du cadavre et déposa de même que les blessures du Capitaine Bull « étaient causées par des coups violents d'un instrument contondant, mais que *la cause directe du décès était une apoplexie de chaleur* » et il conclut « après audition des témoignages que la mort avait été causée par une apoplexie de chaleur aggravée par l'ébranlement du cerveau. » Et la presse anglophile s'empara de l'incident pour crier vengeance et exiger un « exemple moral dans l'intérêt du prestige britannique, qui était menacé. »

On le voit, c'était un cas de non-lieu. Dans le passage cité plus haut, lord Cromer dit qu'il était à ce moment-là en Angleterre et que la sentence lui parut excessive. Un fait, il ne partit d'Egypte qu'après l'ouverture de l'enquête préliminaire. L'incident du tir aux pigeons de Denchavai, suivi de la mort du Capitaine Bull, a eu lieu le 13 juin ; l'enquête officielle ordonnée par lord Cromer, s'est faite les 17, 18 et 19 juin, et c'est ce dernier jour qu'il partit pour l'Angleterre. Cette circonstance a fait l'objet de bien des critiques.

Comme on l'a mentionné aussi plus haut, le jugement eut lieu le 24 juin, soit cinq jours après le départ de lord Cromer. Ce fut le lendemain de son départ qu'on donna l'ordre de dresser le gibet à Denchavai, *quatre jours avant l'ouverture des débats.* Le « Daily Chronicle » publia dans son N° du 2 juin, le télégramme suivant — c'était donc trois jours avant que le cas fût en jugement —: « Brière justice. L'enquête préliminaire sur l'agression des officiers britanniques est terminée. Tout porte à croire que l'outrage est bien plus sérieux qu'il ne semblait à première vue, et qu'il a été prémédité. Par bonheur lord Cromer cette fois-ci s'est convaincu de la mauvaise foi des indigènes. On en fera bonne justice et la sentence sera exécutée immédiatement; les condamnés à mort seront fusillés publiquement. La sentence sera sans appel. »

Remarquez ces expressions : « L'agression des officiers ; « l'outrage prémédité » ; lord Cromer convaincu ; « de la mauvaise foi des indigènes » ; la certitude implacable de la condamnation à mort, au moins de quelques-uns, avec fusillade immédiate et sans possibilité d'appel.

Ce qui est encore digne de remarque dans cette triste affaire, c'est que M. Findlay, Conseiller attaché à l'Agence du Caire et en ayant la charge en l'absence si injustifiable de lord Cromer, n'hésita pas à déclarer dans son rapport au gouvernement, « que tout s'était passé au Tribunal avec dignité et dans les formes les plus strictes de la loi…, sans une trace de panique ou d'esprit de vengeance. « A quoi lord Cromer ajouta, par manière d'apologie sans doute, que, pour lui « les institutions judiciaires devançaient peut-être d'un siècle le niveau des idées et de la civilisation du public », de l'Egypte, s'entend. Il écrivait cela un quart de siècle après que l'Angleterre avait entrepris de « civiliser » ce malheureux pays. »

Avec ces pièces en mains, nos lecteurs pourront juger par eux-mêmes dans quelles limites on peut appliquer le terme de « justice » à l'administration de la loi en Egypte, et si oui ou non, l'affaire de Denchavai est une tache au bon renom de cette administration ou de ceux qui en portent la responsabilité. Quand viendra le moment — et il vient bientôt — où la question d'Egypte s'imposera à notre examen et cela dans un entourage de circonstances tel que l'Angleterre sera forcée, à la face du monde civilisé, de rendre compte de sa gestion, alors le public britannique aura une révélation de ces choses-là et d'autres encore, et il l'aura telle que pas une ombre de doute ne subsistera dans son esprit, quant à la vérité sur l'Egypte. Et peut-être qu'alors les Anglais feront justice eux-mêmes, en dépit de tous les plaidoyers du gouvernement.

Il n'est pas sans intérêt de citer — par ce qu'on l'ignore généralement — que M. Findlay, que nous avons cité plus haut, n'est rien moins que ce M. Mansfeldt de Cardonnel Findlay, K. C. M. G., C. B., ambassadeur de Grande-Bretagne en Norvège, qui arriva à la notoriété par la tentative qu'on lui attribua d'arrêter ou tuer, par corruption et par trahison, le patriote irlandais, feu Roger Casement. Sous ce jour qui l'éclaire de l'Extrême Nord, on se rend mieux compte de la tournure d'esprit avec laquelle il a dû envisager l'affaire de Denchavai.

M. Willmore fait appel à l'impartialité de ceux qui critiquent notre administration en Égypte, et il s'assure que quiconque prétend parler au nom de la justice, s'attachera à suivre la vérité. C'est bien. Nous voulons donc seulement rapporter un ou deux incidents de l'occupation britannique en Égypte, dont l'un a un rapport étroit avec l'affaire de Denchavai. On a pu lire dans la citation que nous avons faite de « Pour ne pas oublier », que des soldats anglais, apprenant la mort de leurs officiers, et s'arrogeant le droit de vengeance, fendirent le crâne d'un fellah innocent, dans un endroit différent de celui de la bagarre. Nous, qui voulons être impartial avant tout, nous demandons : Qu'est-il advenu de ces meurtriers ? Et nous nous hasarderons encore à dire que les historiens du temps n'ont pas fait suffisamment de lumière sur ce triste événement, qui nous est relaté comme suit : — « Et dans l'affaire de Denchavai, il a été prouvé incontestablement que le capitaine Bull avait fait deux milles à petite vitesse du côté de son camp et que, surpris par la douleur, il s'affaissa au bord de la route ; quelque temps après un indigène, qui l'avait vu s'abattre, se porta à son secours, et quand les soldats à leur tour vinrent à la rescousse de leur capitaine, ils le trouvèrent abandonné aux seuls soins du jeune fellah. Ils ne mirent pas en doute que ce dernier ne fût l'auteur de ses blessures, et assassinèrent le bon Samaritain à coups de crosse. Mais on n'a jamais entendu dire que ce meurtre ait été poursuivi. » Voilà un exemple de la manière dont justice est rendue en Égypte ; nous en mettrons d'autres en regard de celui-là.

Un médecin italien chassait dans des champs de blé aux alentours d'un faubourg du Caire. Cet empiètement lui attira une dispute avec les indigènes ; rien de plus naturel ; car le seul gibier à portée des sportsmen de cette catégorie, ce sont les pigeons domestiques, décoration familière de tout village égyptien, que le plus humble paysan préserve avec grand soin. D'où, on l'a déjà vu, la bagarre de Denchavai. Les indigènes firent ce qu'auraient fait des villageois en Europe, ils s'emparèrent du fusil et du chasseur, il y eut corps à corps, le coup partit par accident et le docteur fut tué. Les indigènes furent mis en jugement sous la prévention d'homicide et acquittés.

A une autre occasion, peu de jours après, où deux officiers britanniques étaient en chasse non loin des Pyramides de Giza, quatre Arabes accoururent et s'efforcèrent de désarmer les délinquants. Un des paysans saisit un fusil par la bouche pour l'arracher de force à son possesseur, reçoit le coup et tombe mort. En guise de représailles, les indigènes se permettent de donner une volée de coups aux officiers. On les traduit devant une cour militaire et ils se voient condamner, au nombre d'une douzaine, non seulement à une rigoureuse fouettée, sous les yeux de leurs villageois, mais encore à six mois de prison. Par surcroît, et pour ne laisser personne échapper à la répression, on administra aussi le fouet « en guise de leçon salutaire » aux notables de plusieurs villages environnants — ceci est relaté dans le *Standard* de Londres du 10 avril 1887 — et trois cheiks subirent des amendes et la prison.

Peu après l'incident de Denchavai, un soldat de la garnison britannique stationnée dans la citadelle du Caire était enfermé dans le corps de garde pour quelque manquement à la discipline. Les hommes du poste de garde étaient assis au dehors, leurs armes se trouvaient au ratelier. A l'intérieur, l'homme aux arrêts avait sur lui une cartouche. Il l'introduisit sans être aperçu dans un fusil et, se postant près d'une fenêtre, se prépara à mettre en joue le premier « gibier » qu'une bonne chance lui enverrait. Un pauvre fellah vint à passer sur le chemin, à bonne portée — ce dernier était reconnu passage public ; notre brave troupier de l'armée d'occupation vise tranquillement, fait feu, et l'Arabe tombe raide mort. Le soldat allégua pour se justifier qu'il n'avait pas voulu commettre un meurtre, mais seulement faire du sport. Est-il besoin de le dire ? Il ne fut pas question de pendre ou de fouetter un soldat britannique « en guise de leçon salutaire ». Non ; dans ce cas-là, on sut trouver des circonstances atténuantes et la punition infligée fut purement nominale ; il est vrai de dire, pourtant, qu'une indemnité quelconque doit avoir été passée à la famille du mort. Sur tous ces détails on garda le silence le plus complet, l'affaire se résolut en explications, s'évanouit en fumée, s'étouffa...

En terminant ce chapitre, où nous avons touché les relations qui existaient entre les paysans indigènes et certains d'entre les Européens, nous remarquerons encore que, l'année même de cette « Affaire des Pyramides », en 1887, un rapport officiel publié dans *L'Egypte* (n° 2, 1888, p. 3), constatait « qu'il ne faut pas s'imaginer que le fellah ait la moindre gratitude à l'administration actuelle... A ses yeux, l'Anglais est une calamité pour le pays. » Il est au su de tout le monde que l'indigène en Egypte déteste l'Anglais, à peu d'exceptions près, et il ne faut pas en chercher la raison bien loin. Le très honorable S. M. Robertson, membre du Parlement, et de 1911-

1915 secrétaire parlementaire au Département du Commerce,
dans le ministère Asquith, a mentionné quelque part, non sans
ingénuité, « cet amour du sol natal que les Anglais portent
avec eux dans l'examen des problèmes qui les touchent, mais
non dans ceux qui touchent l'Egypte... » Ou encore : « ...la
source de tout le mal, pour ne parler que de ce qui se passe
entre les Egyptiens et leurs maîtres britanniques, c'est que
ceux-ci, prenez-les comme administrateurs anglo-égyptiens, ou
comme politiciens restés au pays, ou comme journalistes européens travaillant en Angleterre ou en Egypte — éprouvent des
difficultés presque insurmontables à faire à autrui comme ils
veulent qu'on leur fasse. »

Un gentleman égyptien, que M. J. M. Robertson tient pour
« un Egyptien qui a voyagé, qui a du jugement, et qui a com-
paré avec soin ses observations avec celles d'Européens compétents au sujet de l'administration de son pays sous le régime
de l'Agence britannique » — a publié une série intéressante de
lettres sur les affaires d'Egypte, adressées à un membre du
Parlement anglais, et auxquelles nous aurons lieu de nous ré-
férer plus loin ; dans l'une de ces lettres, il se plaint de ce
que « en Egypte comme partout ailleurs dans le monde, chacun met un tel empressement à s'enrichir qu'on en oublie
complètement de donner quelque attention aux justes demandes du paysan égyptien ? » Ceci a été écrit sous le régime de
lord Cromer, un an avant l'incident de Denchavai.

Mais, à envisager ce regrettable événement sous toutes ses
faces et avec une entière impartialité, on en vient à examiner les
dessous, et à faire entrer en ligne de compte les événements qui
l'avaient précédé dès le commencement de cette année dite du
Denchavai, soit 1896. Dans les premiers jours de janvier, des
troupes turques avaient été envoyées par le sultan occuper une
ville frontière sur le golfe d'Akabah ; les troupes égyptiennes
eurent l'ordre de prendre certaines positions dans la presqu'île
de Sinaï et d'occuper cette même ville de Tabah. Les Turcs ne
voulant pas la leur remettre, l'administration britannique avait
fini par contraindre le khédive à adresser un ultimatum au
Sultan, exigeant l'évacuation de Tabah dans les dix jours. Les
négociations, conduites nominalement de la part du khédive,
avaient traîné de février à mai. Le Sultan avait dû capituler,
mais l'Egypte n'avait cessé de faire feu et flammes contre les
autorités anglaises, et l'agitation avait atteint son comble à la
nouvelle qu'on avait humilié le chef spirituel des croyants
Ceux qui vivaient alors en Egypte, et parmi eux celui qui
écrit ces lignes, ont la conscience très nette de l'hostilité que
créa chez les indigènes cette intrusion de l'Angleterre, et de
la tension extrême où les esprits étaient arrivés.

Les personnes les mieux informées, et qui pouvaient porter, sur cette affaire, un jugement très sûr, le déclaraient à qui
voulait l'entendre. Les Anglais avaient de noirs desseins sur le
chemin de fer de Bagdad et les Lieux Saints ; la même opinion
se retrouve dans la bouche d'un écrivain égyptien cité dans
« Le Pays des Pharaons » ; et la tournure que prennent les
opérations de la guerre actuelle ne semble pas y contredire.
Dans tous les cas, et quel qu'ait été le véritable dessein de
l'autorité responsable, il reste que l'agitation, l'irritation, l'ani-
mosité n'avaient fait que croître et avaient atteint un point
critique ; les indigènes étaient en pleine fermentation et les officiers anglais n'auraient guère pu tomber sur un moment plus
défavorable pour se divertir à tirer des pigeons appartenant à
des paysans égyptiens, à un coup de fusil de leurs perchoirs
domestiques, ni pour en remplir leurs carniers.

L'incident de Denchavai marqua, pour le règne de lord
Cromer en Egypte, le commencement de la fin. L'année suivante, il passa l'Agence à Sir Eldon Gorst.

<hr>

CHAPITRE III

L'occupation britannique en Egypte ;
ses raisons prétendues, ses effets.

Une fois écartée en peu de mots, comme nous l'avons
vu au chapitre précédent, l'affaire de Denchavai, M. Willmore
en vient à son objet, de s'en prendre aux Allemands pour
avoir osé critiquer notre occupation en Egypte et notre administration de ce pays. Répétons-le ici: il n'entre pas le moins
du monde dans notre pensée de rompre une lance pour nos
ennemis ; mais nous sommes de l'avis qu'ils sont pleinement
en droit de faire ce qui leur plaît dans ce sens-là, à telles
enseignes que nous ne nous faisons pas faute de réclamer
pour notre usage ce droit de critique. D'ailleurs, c'est diminuer notre cause, nous semble-t-il, que de redouter la critique,

d'où qu'elle vienne. Ce n'est pas ce qui nous fera gagner des batailles. Pour nous, nous voulons être les tenants de la vérité, et uniquement de la vérité, et rien d'autre ne nous pousse si ce n'est de dissiper certaines manières de voir qui, d'abord, s'écartent de la vérité sur ce qui est en Egypte, et par conséquent sont une injustice envers les Egyptiens; et ensuite, et pour cela, sont nuisibles et dangereuses.

L'auteur de « Das moderne Pharaonenland » débute dans son exposé de l'occupation de l'Egypte par les troupes britanniques, en assurant que ce fut le résultat direct de l'insurrection d'Arabi-Pacha en 1882. Plutôt que d'accepter toute faite cette assertion, nous allons mettre sous les yeux du lecteur certains faits de l'histoire de l'Egypte, des années qui ont précédé cet événement.

On a écrit bien des choses sur Ismaïl-Pacha, qui régna d'abord comme Pacha dès 1863, puis comme Khédive dès 1867, pour être enfin déposé par le Sultan en 1879, à la seule fin d'étaler ses côtés faibles. Il en est résulté que pour le commun des mortels, en tant qu'il s'intéresse à la question, c'est un individu au-dessous de tout, sans rien qui rachète sa nullité. C'est le point de vue qu'on s'est évertué à faire prévaloir de toutes les manières, dans les déclarations officielles, dans les discours publics, dans d'innombrables productions littéraires. Il convenait à la politique britannique de mettre bien en vue les côtés faibles d'Ismaïl-Pacha, pour se grandir elle-même d'autant. Si, disait-on, Ismaïl n'avait pas été un dissipateur, il n'y aurait jamais eu lieu à l'intervention anglaise, ni française dans les affaires financières de l'Egypte.

Nous sommes prêts à reconnaître qu'Ismaïl est responsable du pétrin financier dans lequel il a plongé son pays, mais nous maintenons qu'il y a encore une autre face à la question, et un autre côté dans la nature du Khédive. Il ne faut pas oublier non plus qu'il s'offrit, le 22 juin 1879, à s'acquitter de toutes ses dettes, ceci après qu'il avait précédemment accepté, en août 1878, les conditions posées par la Commission instituée en mars de cette année, et fait abandon à l'Etat, de concert avec sa famille de vastes propriétés qu'il avait en Egypte. Il donna bien d'autres preuves palpables de l'intention qu'il avait d'agir en honnête homme vis-à-vis de ses créanciers. Etant donné les bruits défavorables qu'on a fait circuler sur son compte avec tant d'empressement, il n'est que juste d'entendre ce qu'il a à dire pour se disculper, étant donné également les prétentions de M. Willmore, au sujet des bienfaits que l'Angleterre doit avoir apportés à l'Egypte, il est consolant de lire ce qu'écrivait un Anglais bien connu, relatant les propres paroles d'Ismaïl ou ce qu'il avait vu de ses propres yeux au Caire, au début de l'année 1876. Nous faisons allusion à M. W. Beatty-Kingston, un journaliste qui a vu une bonne partie du monde, qui a été l'objet de maintes distinctions et qui fut envoyé d'un jour à l'autre de Berlin en Egypte par le « Daily Telegraph ». journal qu'il avait représenté en paix et en guerre pendant dix ans. Il avait pour mission d'interviewer le Khédive et d'autres personnages, tels que les ministres égyptiens et les représentants des puissances, et de recueillir de leur bouche, et de celle de toute espèce de personnes en charge, des informations sur la situation du pays. Il a publié dans le livre « Souverains à qui j'ai parlé », en 1887, le plus clair de ses impressions et de ses entretiens, avec des personnages éminents, au Caire.

Voici ce qu'il dit d'Ismaïl : « Certainement il occupe un rang élevé parmi les hommes remarquables de son temps, pour la grande intelligence, la vivacité de l'esprit, la vigueur avec laquelle il empoigne une question, il a sans doute peu de rivaux parmi les souverains régnants, ou même parmi les hommes d'État contemporains. Il est d'une franchise presque bismarkienne en même temps que ses manières gracieuses et prévenantes, mettent son interlocuteur dans la disposition d'esprit la plus heureuse. » Au cours de la première entrevue, Ismaïl dit : « Comme vous, je suis l'ami de l'humanité, je veux du bien à tous les hommes, mais avant tout je veux du bien aux Égyptiens, mes sujets... Je tâche d'améliorer les choses, partout où je passe. Je suis en train de construire un phare à Berbera, où j'ai déjà une jetée en pierre, et je fais poser 1200 bouts de tuyaux pour l'amenée de l'eau. Ce sera tout au profit de la navigation et du commerce anglais, de même de bien d'autres projets que j'ai en vue... Mais on nous fait payer à un prix déraisonnable, l'argent qu'il nous faut pour marcher de front avec les exigences de notre époque, et pour développer les vastes ressources naturelles du pays. Nous avons été *exploités*... Je ne veux plus céder aux pressions qu'on exerce sur moi toutes les fois que j'entreprends de tirer mon Etat de ses embarras. Par exemple, l'autre jour encore, j'ai négocié une avance qui me permit de faire face à des prétentions résultant d'engagements échéant dans les six semaines, et les financiers français commencèrent par m'offrir ce que je demandais à 22 %. — Si je pouvais asseoir à un taux raisonnable toutes mes dettes flottantes d'Etat, j'arriverais facilement à balancer mes rentrées et mes dépenses sans faire tort à qui que ce soit, et je n'aurais plus besoin d'emprunter à un taux extravagant et ruineux, « qui tôt ou tard, ne manquerait pas d'amener à une banqueroute officielle. »

Ismaïl se plaignit de ce que la mission de M. Cave — dont

les résultats ont figuré dans un rapport publié dans le « Times » du 4 avril 1876 — bien loin d'aplanir ses difficultés financières, n'avait fait que les aggraver. « Je lui suis sincèrement reconnaissant pour les soins minutieux, la conscience rigide avec laquelle il s'est acquitté de sa tâche... » Il continua : « L'Angleterre, qui a tiré de si grands profits, bien plus grands que ceux d'aucune autre nation, des immenses sacrifices faits par l'Egypte pour achever le canal de Suez, sacrifices qui sont la cause de nos embarras actuels, l'Angleterre est à même, grâce aux travaux de M. Cave, d'apprécier pleinement ce que nous coûtent ces grands ouvrages qui ont donné la richesse à autrui bien plus qu'à nous... Je n'ai jamais cru un instant que l'Angleterre, du fait qu'elle a acheté des actions du canal de Suez et envoyé un haut fonctionnaire pour examiner mes comptes, vise à mettre l'Egypte sous sa dépendance. Je connais bien les Anglais, personne ne les admire plus que moi. Je voudrais seulement qu'ils eussent plus d'esprit de suite. Du moment qu'ils voient clairement qu'il est de l'intérêt de leur politique autant que de leur commerce, d'appuyer l'Egypte et de l'aider à se développer, pourquoi ne mettent-ils pas cette idée à effet ? Le moindre encouragement, quels miracles ne créerait-il pas chez nous ! Il est douloureux d'en être réduit à chercher ailleurs cet appui. » Et encore : « On me reproche d'être allé trop vite. Je l'accepte ce reproche. Il n'est pas sans quelque jnstesse. J'ai voulu aller trop vite — voulu faire trop de choses d'un seul coup. Mais je ne pouvais m'y prendre autrement, si je voulais qu'on s'intéressât à l'Egypte. »

En ce qui touche l'aspect que présentait le Caire à l'époque de la visite de M. Kingston, on va voir que le Khédive faisait beaucoup pour sa métropole. M. Kingston s'exprime ainsi : « Le Caire est une magnifique illustration des nobles desseins qui animèrent le règne d'Ismaïl Pacha en Egypte. Sans qu'on eût touché en rien à son pittoresque si rare et si beau, on l'avait purgé, quand je le vis (en 1876) de la plupart des abominations qui souillent presque n'importe quelle ville de l'Orient. On l'avait paré, purifié, on avait répandu les bienfaits de la lumière, de l'air, de l'eau potable et des égoûts, ces derniers même tout-à-fait remarquables pour une ville musulmane, tout cela venait de la même main ferme, bienveillante, généreuse. Il se peut fort bien qu'Ismaïl ait jeté là une quantité d'argent qu'il avait eu grand peine à gagner, qu'il avait fait rentrer avec bien des vexations ; il s'est à n'en pas douter, fait voler des sommes énormes de la façon la plus inique et la plus honteuse ; il s'est attiré dans cette œuvre une foule d'embarras et par là-dessus les censures d'innombrables Pharisiens; somme toute il a fait quelque chose qui est là, réel, tangible, visible,

quelque chose qui est un progrès incontestable, qui est civili-
sateur, bienfaisant, grâce aux richesses qu'il a jetées à la poignée, quelque chose qui subsistera et portera son fruit pour
des millions d'êtres humains, quoi qu'il doive lui en advenir à
lui ou à sa dynastie. Son peuple a quelque chose à faire
voir en retour de son argent. Il ne serait pas difficile de faire
la preuve que, à un ou deux millions de livres près, chaque
piastre des vastes sommes empruntées à des capitalistes étrangers sous le règne d'Ismaïl — bien entendu, du numéraire qui
a été versé par eux au Trésor Égyptien — a été dépensée
pour des travaux publics qui ont augmenté merveilleusement
le bien-être du pays et fait prendre au développement de ses
ressources un élan irrésistible. De fait, trente et quelques de
ces millions empruntés et dont la folle dissipation a été dure-
ment reprochée au Khédive par tant de vertueux chroniqueurs
et de non moins immaculés auteurs d'essais, ont été consacrés
à créer des canaux, des chemins de fer ; d'autres ont été employés à paver, à éclairer, à drainer et à rebâtir le Caire et
Alexandrie, deux villes pourtant qui au souvenir d'hommes
d'âge moyen, ne se distinguaient en rien du gros des villes
musulmanes, et qui, il y a onze ans (en 1876) portaient déjà
l'empreinte de la civilisation occidentale, aussi caractéristique-
ment que Paris et Vienne. »

Il s'agit là d'une période de quelque 6 ans, juste avant
que l'occupation britannique fût un fait accompli. En dépit des
faits qu'avance impartialement l'auteur des lignes ci-dessus, le
public de Grande-Bretagne n'en est jamais venu à entendre la
vérité sur Ismaïl de la bouche des hommes d'État qui auraient
pu donner une toute autre couleur aux récits qu'on fabriquait
sur son compte. La critique de M. Kingston est à signaler
en tant qu'exposé équitable et intelligent de la situation par
rapport à Ismaïl-Pacha, situation sur laquelle il avait à faire
un rapport payé et il a évidemment retouché et mis au point
ce morceau avant de le publier en 1887, c'est-à-dire quand les
Anglais étaient déjà depuis cinq ans en Egypte.

L'année suivante, Ismaïl-Pacha avait réclamé une somme
totale de cinq millions de livres à lui dûe pour arrérages de
revenus à lui servir sur les biens fonciers dont il s'était des-
saisi. Comme on a pu s'en rendre compte par les passages
cités plus haut et qui ne laissent aucun doute en la matière,
la plus grande part des sommes empruntées par Ismaïl avaient
servi au plus grand bien de ses sujets ; néanmoins quand il
s'était agi de se désister de ses biens privés pour s'acquitter
envers ses prêteurs, il n'avait pas hésité. Il fit en toute loyauté
plus qu'il n'était tenu de faire, et les Anglais reprirent l'Egypte
de ses mains comme une « affaire qui marche » ; ils n'en répu-

dièrent pas moins les obligations sacrées et les justes engagements de l'Egypte envers Ismaïl. Les comptes privés de S. A. bouclés en 1905 ont laissé un *surplus* de 6 millions 400,000 L., toutes dettes payées. Où il est à noter que la valeur des propriétés qu'il abandonna aux créanciers, en y comprenant ses palais, établissements officiels, terres et parcs, étaient estimées à peine moins que le montant de ses dettes. L'Angleterre a eu un avantage incalculable à reprendre la gestion de toutes ces propriétés, et pour être honnête, notre critique doit envisager aussi ce côté-là ; surtout si nous nous mettons bien dans l'esprit que les Rothschild et autres de la Confrérie des prête-deniers connaissaient — comme le gouvernement britannique le connaissait — le véritable état des finances du Khédive bien avant que vint la débâcle. C'est en janvier 1884, un an et demi après l'occupation, que M. Rothschild prêtait la somme de 950 mille Livres au nouveau Khédive Tewfik, donc les affaires du pays n'étaient pas en si mauvais état, et eux-mêmes devaient avoir des informations sûres et des appuis, car leur maison figurait parmi les principaux créanciers d'Ismaïl, et lord Beaconsfield ne se fit pas faute de recourir à leurs offices dans l'affaire du canal de Suez.

Un écrivain égyptien a été jusqu'à comparer l'attitude d'Ismaïl envers ses créanciers à celle du roi d'Angleterre, George IV, qui, étant « Prince de Galles et Régent du Royaume-Uni » et ses créanciers clamant après lui, ne leur abandonna rien du tout de ses revenus. Le « premier gentleman d'Europe », ainsi le dénommaient ses flatteurs, ne s'acquitta point de ses dettes légales, l'Etat ne les paya pas non plus, mais bien dans le cas d'Ismaïl, après qu'il eut en homme d'honneur, fait cession on peut dire de tout ce qu'il avait à lui.

Cette circonstance a un rapport étroit et important avec la situation qu'occupe en ce moment l'Angleterre en Egypte, et celle qu'elle avait lorsqu'elle prit légalement possession de ce pays.

Plus loin, M. Kingston narre une entrevue qu'il eut par la suite avec S.A., le 16 février 1876, et dont il rapporta une impression qu'il exprime en ces termes : « Le résultat de cette longue et intéressante conversation a été de fortifier sur tous les points ma conviction qu'Ismaïl-Pacha est parvenu à mettre le point final à toute une suite de négociations des plus embrouillées, pour le plus grand avantage des intérêts de son peuple, et qu'il s'en est tiré en maître. »

Ismaïl disait à cette occasion à M. Kingstone : « Quand je montai sur le trône, j'examinai la situation avec le plus grand sérieux. Je m'étais fait une résolution avant tout de développer les ressources de l'Egypte et d'améliorer le sort du peuple. Pour exécuter ce projet, il était facile à voir que je ne pouvais me passer de dépenser beaucoup d'argent. Coup sur coup je me mis à plusieurs entreprises coûteuses, sans reculer devant les sacrifices momentanés pourvu que j'arrivasse à mon but, sûr que j'étais que, tôt ou tard, nos avances nous seraient payées vingt fois.

Voilà comment je me suis lancé dans les embarras qu'on ne cesse de me reprocher dès lors... Eh bien: quand j'eus développé certains côtés de mon œuvre, que je considérais comme des nécessités de vie pour la réalisation de mes idées, je me trouvai alors aux prises avec les difficultés financières. » Ismaïl expliqua ensuite que la marche à suivre pour lui était double ; d'un côté, faire reposer la justice sur une base solide et ample, de façon à ce qu'elle se vît reconnue non-seulement par ses sujets, mais par tous les peuples civilisés ; d'autre part, mettre l'ordre dans ses finances, faire en sorte que ses revenus non-seulement puissent suffire à ses dépenses, mais encore à s'acquitter peu à peu de tous les engagements pécuniaires qu'il avait cru de son devoir d'assumer. « Il saute aux yeux », disait-il, « qu'il aurait fallu avoir perdu le sens, pour tenter de mettre en règle définitivement mes affaires financières, tant que les institutions judiciaires en Egypte étaient telles que ni l'indigène ni l'étranger ne pouvaient s'assurer que justice leur fût rendue ; tant que la vénalité florissait d'un côté et la pression de l'arbitraire de l'autre. Quel espoir que les capitalistes étrangers me prêteraient l'appui que je ne pouvais trouver que hors de ce pays... Tant qu'on pouvait avec vérité reprocher à l'Egypte d'être un pays où le premier droit qu'apporte en naissant tout être humain -- le droit à la justice — n'avait pas force de loi, si même il était reconnu ? « (M. Willmore, voudra-t-il, peut-être, noter cette expression ?) » De là deux choses à faire, » continua Ismaïl, « il est clair que la plus urgente était la réforme judiciaire, et qu'il fallait commencer par là... Comme vous savez, il ne m'a fallu pas moins de huit ans, toujours à harceler, à presser, *remuant le ciel et la terre*, pour obtenir des tribunaux comme je les ai eus enfin. J'ai rencontré l'opposition sous toutes les formes, on a entravé ma marche par tous les obstacles possibles ; il m'a semblé par moments que *les nations mêmes qui tirent le plus d'orgueil de l'administration de la justice chez elles, faisaient ce qu'elles pouvaient pour empêcher l'Egypte de jouir de ces bienfaits dont elles estiment si haut le prix*. (C'est nous qui soulignons.) Il n'en est pas moins vrai que mes embarras financiers ne faisaient que croître... etc., etc. « Mes critiques » ajoutait Ismaïl pour sa défense, « ne devraient pas oublier ces circonstance-là ; je ne demande que d'être jugé avec équité, que de voir mes actes pesés avec soin, et surtout qu'on me fasse crédit d'intentions bonnes et patriotiques. C'est mon plus simple droit. » Mais le monde, qui a surtout l'esprit de censure, ne semble pas lui avoir reconnu ce droit. Du moins pas l'Angleterre.

Ferdinand de Lesseps causant, vers la même époque avec M. Kingston au sujet du Khédive, lui dit : « Ce qui tient surtout au cœur du Khédive, c'est d'améliorer le sort de son peuple et d'élever le niveau du bien-être dans tout le pays. C'est à atteindre ce but qu'il a fait des efforts incessants qui l'ont plongé dans ses embarras actuels. Il a dépensé plus de 16 millions de livres qu'il a dû emprunter, et emprunter à de gros intérêts, pour achever le canal de Suez, au plus grand bénéfice de l'Angleterre bien plus que de l'Egypte. Vous auriez bonne grâce — et feriez une bonne affaire par surcroît — à lui donner un coup de main pour ces millions, pour qu'il pût recommencer à nouveaux frais, n'ayant plus d'autres charges que celles que ses revenus lui permettent parfaitement bien d'éteindre peu à peu. » Le monde entier peut dire si l'Angleterre a suivi cet excellent conseil ou non; ou si plutôt elle n'a pas tiré profit des embarras d'un souverain qui, avec tous ses défauts comme homme — et qui de nous se fera son juge — eut à cœur la prospérité de son peuple et lutta tant qu'il put pour le rendre meilleur, matériellement et moralement.

Une petite note en passant et qui n'est pas sans intérêt, et à propos d'évènements qui seront relatés plus loin, dans ce qu'on appelle « la rébellion d'Arabi-pacha » : c'est le même de Lesseps qui fit accroire à Arabi-pacha que les Français l'aideraient au moment critique et lui conseilla, du moment que cette aide était assurée (il la tirait uniquement de son fertile cerveau) de ne pas bloquer le canal. N'eût été cet abus de sa crédulité, Arabi-Pacha eût bloqué le canal contre les troupes britanniques, ainsi que le Conseil l'avait pressé de le faire. Sir Garney Wolseley, commandant en chef de l'armée britannique, a dit lui-même plus tard : Si Arabi avait suivi son idée de bloquer le canal, nous serions encore à présent en pleine mer, à bloquer l'Egypte. Vingt-quatre heures nous ont sauvés. » Sans doute aussi le cours de l'histoire d'Egypte aurait été changé à partir de cette date !

Grâce aux extravagances du Khédive Ismaïl, et à son endettement, lord Beaconsfield jugea, en 1876 le moment venu d'acquérir ses parts de la compagnie du canal de Suez, soit 176,602 actions sur un total de 400,000, au prix de 4 millions de livres ; à la cote du 31 mars 1915 elles valaient 29 millions 993,000 livres*). Il y a des gens qui ont trouvé cela « raide», et le

*) Voici les faits. En novembre 1875 le gouvernement britannique autorisa la maison Rothschild, à laquelle le Khédive s'était déjà endetté à fond, à acquérir ces actions au prix de 4 millions 80 mille livres ; le 5 c/o payable jusqu'au 1 juillet 1894,

trouvent encore maintenant ; passons ; le fait seul importe ici. A ce moment, nous avons eu un intérêt bien matériel en Egypte, quelle qu'ait été sa nature auparavant.

Pour fortifier notre situation dans ce pays, où prédominait largement l'influence française, Sir Henry Layard, ambassadeur anglais à Constantinople, négocia avec le Sultan Abdul Hamid un traité secret aux fins de céder à bail à l'Angleterre l'île de Chypre, un point stratégique important d'où l'on surveillait une bonne partie de l'Asie Mineure, et exerçait une influence militaire appréciable sur les régions de la Méditerranée orientale. Le Sultan se trouvait pris entre l'Angleterre et la Russie. Peu avant, la flotte britannique avait forcé les Dardanelles Chypre était toute indiquée pour ôter aux Russes la liberté d'agir dans la Méditerranée pour influencer l'Egypte.

Peu de jours après qu'on eut signé le traité secret, s'ouvrit le Congrès de Berlin, le 13 juin 1878. Le marquis de Salisbury et lord Beaconsfield, représentant la Grande Bretagne, furent, de même que les autres plénipotentiaires, mis en demeure de déclarer, ouvertement et solennellement, qu'ils venaient au Congrès les mains nettes, et que leurs gouvernements n'avaient contracté aucun engagement secret avec tel autre gouvernement représenté au Congrès. Les deux plénipotentiaires britanniques, parfaitement au courant non-seulement de l'existence de ce traité secret, mais encore d'un autre accord secret avec la Russie, daté du 30 mai, firent la déclaration formelle qu'on attendait d'eux. Le 9 juillet suivant, le « Globe » de Londres publia in-extenso le texte du traité secret avec la Turquie. Un domestique du Foreign-office avait vendu la traduction de ce document au journal ; on s'empressa d'en contester officiellement l'authenticité.

Le fait n'en demeura pas moins patent, au grand divertissement du chancelier allemand, le Prince de Bismarck. Cette découverte de notre duplicité faillit rompre le Congrès. Le Prince Gortschakof représentant la Russie, et M. Waddington, representant la France, allaient regagner leurs capitales quand l'affaire fut arrangée par le Prince de Bismarck qui prêta son concours efficace pour ménager un arrangement qui satisfit à la fois les représentants de la France et de l'Angleterre. La première était autorisée à occuper Tunis, sans opposition de la part de l'Angleterre et comme compensation pour l'acquisi-

après quoi participation aux dividendes. Cette affaire ne se discuta à la Chambre des Communes et la somme ne fut accordée que le 4 février 1876, la loi ne fut passée par le Parlement qu'au mois d'août suivant. Quand Ismaïl vendit ses actions, il ne se doutait pas que l'acquéreur réel fût le gouvernement Britannique agissant pour le compte de la nation. Ce n'est qu'une fois le marché conclu qu'il en fût informé, et le public de Grande-Bretagne ne le fut que beaucoup plus tard.

tion de Chypre par l'Angleterre ; les arrangements financiers à prendre en Égypte seraient conclus sur le pied d'égalité, comme ayant lieu entre la France et l'Angleterre ; celle-ci reconnaîtrait spécialement l'antique Protectorat de la France sur les chrétiens latins de Syrie. Cette histoire, qui nous fait si peu de crédit, est à voir tout au long dans l'ouvrage de Wilfrid Blunt «Histoire secrète de l'occupation anglaise en Égypte. » L'Angleterre avait donné l'exemple de l'annexion en volant une province à la Turquie pour la repasser à un ami, en échange d'une autre chose qui à ce moment-là appartenait encore à la Turquie, bien qu'en novembre 1914 elle ait été formellement annexée à l'Empire britannique. L'Angleterre ayant pris « à bail » l'île de Chypre, ne demandait pas mieux que de la considérer, nominalement parlant, comme une partie intégrante de l'Empire ottoman, et de décompter à celui-ci, chaque année, une certaine somme sur l'arriéré d'un ancien emprunt ; pour autant du moins que cela lui convenait ; mais elle ne songeait même pas à quitter l'île, et le fait de l'annexion subséquente en est la preuve. *)

Il est vrai que depuis longtemps on discutait sur l'affaiblissement de l'Empire ottoman dans le nord de l'Afrique et le partage des territoires turcs entre certaines puissances européennes. En 1887 Napoléon III avait fait des propositions au gouvernement britannique, en vue de donner à la France la possession du Maroc ; Tunis serait allé au royaume de Sardaigne, l'Egypte serait revenue à l'Angleterre ; mais lord Palmerston écrivant à lord Clarendon sur ce sujet dit ceci : « Nous n'avons que faire de l'Egypte. Tout ce que nous lui demandons, c'est de continuer à faire partie de l'empire Turc ce qui nous donne une sécurité qu'elle n'appartient pas à une puissance européenne. Mais nous ne tenons pas au fardeau de gouverner l'Egypte... Tâchons d'améliorer tous ces pays par l'influence générale de notre commerce, mais loin de nous l'idée d'une croisade de conquête qui ne nous attirerait que la réprobation de tous les autres pays civilisés.

*) Ce qu'on ignore généralement — ou du moins on ne s'y arrête pas assez — c'est que le secrétaire d'Etat actuel des Affaires étrangères, le T. H. Arthur-James Balfour, neveu du marquis de Salisbury (c'est-à-dire fils d'une sœur du marquis), fut de 1878 à 1880, secrétaire privé de son oncle, alors Secrétaire d'Etat des Affaires étrangères, et qu'il l'accompagna, selon ses propres termes « dans la mission spéciale de lord Salisbury et de lord Beaconsfield à Berlin en 1878. » On en peut facilement conclure qu'il avait connaissance de la tromperie — pour ne pas employer un terme trop sévère — que fit son chef à cette occasion.

Peut-être est-ce aussi le lieu de remarquer que lord Robert Cecil, sous-secrétaire Parlementaire aux Affaires étrangères, cousin et bras droit de M. Balfour, est le troisième fils du marquis de Salisbury ci-dessus. Voilà à qui l'on confie aujourd'hui les affaires de l'Angleterre — et de l'Egypte.

Or, de par le traité de Berlin de 1878, et l'arrangement conclu entre la France et l'Angleterre, la première prit posses-sion de Tunis tout en donnant l'assurance que « cette occupa-tion ne tendait qu'à rétablir l'ordre » et qu'elle « ne durerait pas un jour de plus qu'il ne serait nécessaire pour garantir la sécurité du gouvernement du Bey. » En 1882 Tunis devint un protectorat français. En 1882 l'Angleterre occupa l'Egypte. Naturellement l'Italie fit des objections à l'action de la France à Tunis, ce qui ne l'empêcha pas par la suite de faire elle-même main basse sur Tripoli.

Pendant presque toute l'année 1881 les Français avaient combattu contre le Bey de Tunis, qui s'opposait naturellement à cette agression. L'ordre, cependant, fut rétabli, et « l'insur-rection » supprimée en novembre; en même temps il fut con-venu que la France maintiendrait à Tunis une armée d'occu-pation de 20,000 hommes.

Il est hors de doute qu'il régnait à cette époque parmi le monde musulman une agitation, une fermentation des esprits dues à l'Angleterre et à la France, à cause de leurs vues con-nues sur les possessions de la Turquie. Il circulait par surcroît des relations authentiques des excès commis par les Français à Tunis où des mosquées avaient été profanées et des femmes musulmanes violées par des soldats français. L'immixtion anglo-française dans les affaires égyptiennes porte la responsabilité directe des troubles qui affectèrent la vie profonde du pays dans les mois de février et septembre 1881. La jalousie qui régnait entre la France et l'Angleterre durant cette année, et qui atteignit le plus haut point quand les envoyés quittèrent le Caire le 18 octobre 1881, contribuait grandement à entretenir les affaires dans le chaos et avait la plus fâcheuse répercus-sion sur l'esprit des indigènes. La note commune, dont on a tant discuté, porta les choses au point critique.

En novembre 1881, il s'était formé un nouveau ministère en France. Gambetta avait accepté le portefeuille des Affaires étrangères et devint Premier Ministre. Il se mit sur-le-champ à l'œuvre pour aggraver les discussions en Egypte et susciter de nouvelles querelles entre les partis. Lord Granville n'était, semble-t-il, qu'un instrument dans les mains de Gambetta, qui fit son possible pour élargir le fossé entre Arabi-pacha et le Khédive et mettre celui-ci en conflit ouvert avec le vouloir du peuple. Cela mena au bombardement d'Alexandrie en juillet 1882 et au débarquement de l'armée britannique en Egypte. On a raison d'affirmer que c'est Gambetta qui a changé le cours des évènements politiques dans ce pays. C'est lui qui suggéra que le moment était venu pour les deux gouverne-ments français et anglais, « d'examiner la question (des affaires égyptiennes) d'un commun accord, afin d'être prêts à une action unique et immédiate, en cas de besoin. »

Lord Granville semblait favoriser plutôt l'occupation turque que l'occupation européenne ; d'un autre côté Gambetta ne cachait pas son ambition d'arriver à une occupation anglo-française ; sans doute dans l'idée qu'avec le temps on se débarrasserait des Anglais, étant donné leur répugnance traditionnelle à prendre le gouvernement de l'Egypte — ce qu'exprimait Lord Palmerston dans la lettre citée ci-dessus. Quant aux Egyptiens, que personne ne consultait dans une question d'intérêt vital pour eux, ils ne demandaient qu'une chose, c'est qu'on voulût bien les laisser s'occuper de leurs affaires et qu'on les débarrassât une fois pour toutes, de toute immixtion européenne.

Le 6 janvier 1882, les gouvernements français et anglais firent présenter la fatidique note commune au Khédive, se liant par là-même à une politique bien définie d'ingérence dans les affaires « intérieures et extérieures » de l'Egypte. Parlant de cette note commune et de l'accueil que lui firent les Egyptiens, M. John (par la suite Lord) Morley écrivait dans la « Fortnightly Review de juillet 1882, ce qui suit :

« Au Caire même, la note tomba comme une bombe. Personne ne s'était attendu à cette déclaration, ni personne ne savait dire pour quelle raison on l'avait lancée. On se disait seulement qu'un pas si grave sur un terrain si délicat, ne s'était fait que par un calcul délibéré et non sans une intention sérieuse. On donna donc ce sens à la note, que le Sultan devait être resté toujours plus à l'arrière-plan, le Khédive devenait le jouet toujours plus avéré de la France et de l'Angleterre, et que l'Egypte, tôt ou tard, sous n'importe quel déguisement, en arriverait à partager le sort désastreux de Tunis. L'effet général fut par conséquent pernicieux au plus haut degré. Le Khédive se sentit encouragé dans son opposition aux sentiments de la Chambre, le parti militaire, national et populaire prit l'alarme. Le Sultan était irrité. Les autres Puissances européennes étaient mal à l'aise. Tous les éléments de trouble étaient poussés à l'activité. »

Sir Edward Malet déclara officiellement, trois jours après la présentation de la note, que « la communication de cette note avait, temporairement au moins, aliéné toute confiance aux Anglais. » Le Sultan, dans la crainte que ses droits légitimes sur l'Egypte, droits garantis et appuyés jusqu'ici par l'Angleterre, ne souffrissent une diminution, et agissant selon la nature même des choses et de son plein droit de souverain, fit écrire une lettre à Arabi-pacha pour lui rappeler la confiance que S. M. mettait en lui, avec les paroles... : « Comme S. M. vous tient pour un homme de la plus haute intégrité et digne de toute sa confiance, elle requiert de vous, avant tout, que vous empêchiez l'Egypte de passer aux mains des étrangers, et que vous ayez grand soin de ne leur donner aucun prétexte à intervention... Et tout spécialement je dois vous dire que le Sultan n'a aucune confiance en Ismaïl non plus qu'aux Italiens ou Tewfik. Mais par contre, l'homme qui songe à l'avenir de l'Egypte, et raffermit les liens qui la lient au Califat, qui rend à S. M. le respect qui lui est dû et laisse libre cours à ses firmans; qui assure l'indépendance de son autorité à Constantinople aussi bien qu'autre part; qui ne distribue pas d'argent pour corrompre une nuée de traîtres dans les emplois inférieurs; qui ne dévie pas d'un cheveu du chemin du devoir; qui connaît à fond les intrigues et les machinations de nos ennemis européens, et se tient en garde contre elles et garde en tout temps son pays et sa Foi intacts — cet homme-là est digne de plaire à notre puissant seigneur le Sultan, d'être dans ses bonnes grâces et bien vu de lui. » Cette lettre est donnée en plein dans « l'Histoire secrète » de Wilfrid Blunt, dont nous avons déjà fait mention.

Il est clair que c'est là un ordre adressé à Arabi-pacha par son maître légitime. La question qui se pose est celle-ci : L'exécution de ces ordres constituait-elle un acte de rébellion, comme le prétendent les Anglais ? Les dissentiments entre Arabi-pacha et le Khédive Tewfik avaient été aplanis et Arabi-pacha réintégré dans son poste de Ministre de la guerre. On a consigné quelque part ce point de fait que « les consuls d'Allemagne et d'Autriche, convaincus qu'Arabi-pacha était le seul homme en Egypte qui pût effectivement assurer l'ordre, apportèrent le poids de leur influence aux demandes de la nation qu'Arabi fut réintégré dans le poste ministériel qu'il avait occupé.» Dès la présentation de la note commune en janvier, l'appréhension d'un conflit n'avait fait que prendre corps, et Arabi-pacha avait soutenu l'avis qu'il fallait se préparer à une intervention armée, que la note du reste laissait entrevoir.

Le 10 juillet 1882, l'amiral britannique fit savoir qu'il commencerait l'action si les batteries de terre d'Alexandrie n'étaient pas rendues dans les 24 heures. Les Egyptiens n'avaient plus qu'à venger leur honneur en défendant leurs batteries. Un écrivain égyptien a fait voir que « ces batteries faisaient partie des domaines égyptiens du Sultan de Turquie; et qu'à teneur du firman du Sultan de 1879, en vertu duquel le Khédive était monté sur le trône, elles ne pouvaient légitimement être remises à une puissance étrangère sans des instructions expresses du Sultan, et dans tous les cas pas sans coup férir. A la séance du Conseil Général du 10 juillet, où l'on discuta la sommation de l'amiral, le Khédive ainsi que Derviche-pacha manifestèrent hautement leur opinion que les forts devaient être défendus, et Arabi reçut des ordres précis de Tewfik de préparer les forts pour l'action et de répondre par l'artillerie à peine la flotte anglaise aurait ouvert le feu. On a peine à concevoir comment ceci peut s'appeler une rébellion. Certes il est vrai que le faible Khédive, à la suite du bombardement, planta là son fidèle général et chercha un refuge, en traître qu'il fut, auprès de l'amiral anglais; mais cela ne le dégage nullement de la responsabilité de s'être opposé au bombardement, ni ne change rien au cas d'Arabi, qui n'avait fait qu'exécuter ses ordres.

Examinons ici soit la façon dont les hommes d'État britanniques se sont prononcés à ce sujet, soit d'autres témoignages écrits, afin de préciser jusqu'à quel point l'Angleterre, à cette époque ou plus tard, a agi avec honneur vis-à-vis de l'Egypte. Lord Granville dit, dans sa dépêche du 4 novembre 1881 : « La politique du gouvernement de S. M. en Egypte n'a pour but que de donner la prospérité au pays, et de le faire jouir de la liberté qu'il a obtenue par les firmans successifs des Sultans. »

La Reine Victoria, dans son discours du trône du 7 février 1882, dit : « J'userai de mon influence pour maintenir les droits établis déjà soit par les firmans des Sultans soit par divers accords internationaux, dans un esprit favorable au bon gouvernement du pays (l'Egypte) et au développement prudent de ses institutions. »

Le 25 juin, peu de jours avant le bombardement d'Alexandrie, Lord Dufferin, de concert avec les représentants des cinq autres grandes Puissances, signait un important Protocole contenant ces mots : « Les gouvernements représentés par les soussignés s'engagent, dans tout arrangement qui pourrait être conclu en conséquence de leur action concertée pour le règlement des affaires d'Egypte, à ne rechercher aucun avantage territorial ni aucune concession de privilège exclusif quelconque, ni aucun avantage commercial pour leurs sujets autre que ceux que toute autre nation peut également obtenir. »

Dans sa communication du 26 juillet 1882 au Khédive Tewfik, l'amiral britannique Sir Beauchamp Seymour, disait : « Moi, amiral commandant la flotte britannique, je trouve opportun de reconfirmer, sans délai, à V. A. que le gouvernement de Grande-Bretagne n'a aucune intention de conquérir l'Egypte, ni causer le moindre tort à la religion et aux libertés des Égyptiens. Il a pour unique objet de protéger V. A. et le peuple égyptien contre des rebelles. » A rapprocher les paroles de Lord Milner dans son ouvrage sur l'Egypte : « On ne saurait exiger rigoureusement d'une nation, du moment qu'elle est victorieuse, l'accomplissement de tout ce dont elle a fait profession au moment où elle entrait en guerre ; du moins pas dans la pratique courante de l'humanité quel que puisse être le cas dans un monde idéal. » De vrai, il est intéressant à la lumière des évènements d'aujourd'hui, de trouver cette ancienne opinion-là exprimée par le présent secrétaire britannique de la guerre.

Sir Charles Dilke, sous-secrétaire aux Affaires étrangères, disait à la Chambre des Communes, le 25 juillet 1882 : « C'est le devoir du gouvernement de S. M., après avoir affranchi l'Egypte de la tyrannie militaire, de laisser le peuple faire lui-même ses affaires. »

Le Tr. Hon. W. E. Gladstone, aussi à la Chambre des Communes, le 10 août 1882, disait : « Je puis aller jusqu'à donner une réponse à l'honorable gentleman qui me demande si nous avons en vue une occupation indéfinie de l'Egypte. Indubitablement, de toutes les choses du monde, c'est la chose que nous ne ferons pas. Ce serait en désaccord absolu avec tous les principes et les vues du gouvernement de S. M. ainsi qu'avec les gages qu'il a donnés à l'Europe même. »

Lord Dufferin, dans sa dépêche du 6 février 1883 : Le territoire du Khédive a été reconnu comme étant en-dehors de la zone de guerre européenne et des rivalités internationales. »

Parlant à la Chambre des Communes le 6 août 1883, M. Gladstone fit mention de l'esprit d'incertitude qui régnait au sujet de notre occupation de l'Egypte, parce qu'on avait fait courir le bruit d'une annexion. Il dit : « Nous sommes contre cette théorie d'annexion... du fait même de notre devoir envers l'Egypte... des assurances particulières et solennelles que nous avons données au monde dans les termes les plus exprès et dans les circonstances les plus critiques ; assurances qui nous ont valu la confiance de l'Europe dans son ensemble au cours d'opérations difficiles et délicates et qui, si une assurance peut être plus sacrée et solennelle qu'une autre, portent un caractère plus particulièrement sacré dans ce cas, et qui nous oblige à les respecter. Nous sentons bien aussi qu'une occupation prolongée au-delà d'un certain terme tend à l'annexion ; par conséquent c'est notre but de veiller à ce que l'occupation ne prenne pas un caractère permanent. »

Lord Derby, parlant à la Chambre des Seigneurs, le 26 février 1885, disait : « Nous ne nous proposons pas d'occuper l'Egypte d'une façon permanente. Sur ce point, nous sommes engagés envers l'Europe. »

Lord Salisbury, à la Chambre des Seigneurs, le 10 juin 1887, déclara en termes ci-après « qu'il n'est pas loisible d'assumer le protectorat sur l'Egypte parce que le gouvernement de S. M. s'est engagé à maintes reprises à ne pas le faire. »

Parlant encore à la même place, le 12 août 1889, il disait :
Quand mon noble ami nous demande de nous transformer de
gardiens en propriétaires et de nous déclarer en permanence
en Egypte, je dois dire qu'à mon humble avis mon noble
ami ne tient pas un compte suffisant du caractère sacré des
obligations qu'a assumées le gouvernement de la Reine, et auxquelles il est obligé de se tenir. En cette matière, nous n'avons
pas à considérer ce qui est le plus à notre convenance ou à
notre profit, mais bien à considérer la voie que nos propres
obligations et la loi européenne nous enjoignent de suivre. »

Le 14 janvier 1896, M. Gladstone écrit de Biarritz à
Moustapha Pacha Kâmil, le fondateur du parti nationaliste
égyptien, en ces termes : « Je sympathise avec ce que je sais
être vos sentiments comme Egyptien, mais je n'ai aucun pouvoir du tout. Mon opinion a toujours été la même — que nous
devions quitter l'Egypte après avoir terminé à l'honneur et au
profit de ce pays la tâche en vue de laquelle nous y sommes
allés. Pour autant que je sache, ce moment est arrivé il y a
quelques années. »

Le texte de l'accord anglo-français du 8 avril 1904 qui n'est
autre qu'une déclaration au sujet de l'Egypte et du Maroc et
qui reconnaît la position prédominante de la Grande-Bretagne
en Egypte, contient les paroles suivantes : « Le gouvernement
de S. M. Britannique déclare qu'il n'a pas l'intention de modifier l'état de choses politique en Egypte. » Sur quoi Lord Cromer, dans son rapport du 3 mars 1907, déclarait à son tour
« qu'il y a des objections insurmontables à ce que nous assu-
mions le protectorat britannique sur l'Egypte. Cela implique-
rait une transformation de l'état politique de ce pays, Or, dans
l'article 1er du Traité anglo-français du 8 avril 1904, le gouvernement britannique a déclaré explicitement qu'il n'a pas l'intention d'apporter aucun changement dans l'état politique de
l'Egypte. »

Le Dr Nimr, éditeur d'un journal syrien « Al Mokattam »
publiait le 24 octobre 1908 un interview qu'il avait eu avec
Sir Eldon Gorst, l'agent britannique au Caire. Le sujet de cet
interview fut accepté en tant que formule officiellement
correcte, par Sir Edward Grey à la Chambre des Communes.
Le Dr Nimr demanda à Sir Eldon Gorst ce qui en était des
bruits d'après lesquels la Grande-Bretagne se proposait sous
peu de proclamer ou le protectorat ou bien l'annexion de
l'Egypte à l'Empire britannique.

Sir Eldon répondit : Ce bruit n'a aucun fondement et vous
pouvez le démentir catégoriquement. La Grande-Bretagne s'est
engagée par des traités officiels avec la Turquie et les puissances européennes à respecter la suzeraineté du Sultan en

Egypte. Elle tiendra ses engagements qu'elle a de plus renouvelés en 1904 lors de la conclusion du Traité anglo-français. Pas plus le peuple que le gouvernement ne songent à s'affranchir de ces engagements. »

Le 27 mars de l'année suivante (1909) Sir Eldon Gorst, disait dans son rapport annuel : « Dès le commencement de l'occupation, la politique approuvée par le gouvernement britannique n'a pas varié ; elle a eu pour idée fondamentale de préparer les Egyptiens au gouvernement autonome, tout en mettant à leur portée dans l'intervalle les bienfaits d'un bon gouvernement. »

Nous n'hésitons pas à produire ces témoignages qui attestent notre incapacité à tenir notre promesse. Nous pourrions les multiplier à l'infini. Il se disait couramment, les dernières années avant la guerre, particulièrement sous le régime de Lord Kitchener, que l'annexion du pays était imminente. Devant ces bruits l'Agence britannique au Caire ne se départait pas de l'attitude qui consistait à dire que rien de pareil n'entrait dans l'intention du gouvernement britannique à moins que *quelque chose* d'imprévu ne nécessitât un changement dans le statut politique du pays. Ce « quelque chose » pouvait bien être dans l'air ; mais, faisait-on valoir, pourquoi annexerions-nous le pays du moment que nous le gouvernons et que nous maintenons, *aux frais des Egyptiens*, une forte armée d'occupation qui nous est des plus utiles ? Si nous annexions, il va de soi que le gouvernement britannique verrait tomber à sa charge une part beaucoup plus considérable des dépenses, et cela même dans le cas d'un simple protectorat. A moins donc que ce « quelque chose » n'arrive — voilà ce qu'on nous certifiait — l'état de choses existant peut être toléré — au plus grand avantage de la Grande-Bretagne et en revanche non sans quelque désavantage pour l'Egypte — mettez pendant 50 ans !

Cependant on achevait les casernes d'Abbassia, un ensemble magnifique de bâtiments dont la première pierre avait été posée en grande cérémonie, non par le Khédive ou les officiers plus anciens de l'armée d'Egypte — ils brillèrent par leur absence — mais par la femme de l'officier commandant en chef l'armée d'occupation. Ce détail fut matière à commentaires assez libres et hostiles de la part de la presse indigène, et même des journaux du continent s'en occupèrent dans un esprit de critique. Ces casernes, assez vastes pour contenir un nombre considérable de soldats n'étaient absolument pas nécessaires aux garnisons britanniques et égyptiennes, avec les effectifs qu'elles avaient alors. Les frais de construction avaient été très élevés et l'on entendit beaucoup murmurer sur cette dépense. Selon d'aucuns, on pouvait y loger au moins 10,000 hommes. Il parut un compte-rendu officiel d'après lequel ces casernes neuves avaient été calculées seulement pour 1500 hommes de troupes britanniques... et les frais de construction en seraient couverts par la vente de l'ancien emplacement de Kasr-el-Nil. La suite a montré que c'était là dénaturer sciemment les faits, car non-seulement l'ancien emplacement des casernes de Kasr-el-Nil attend encore aujourd'hui d'être vendu, mais les casernes neuves d'Abbassia ont été considérablement agrandies aux frais des Egyptiens, en même temps que les anciennes de Kasr-el-Nil ont continué jusqu'à présent d'être occupées par les soldats britanniques.

Nous croyons l'avoir démontré par ce qui précède: l'occupation actuelle de l'Egypte ne fut pas le résultat spontané de la prétendue « rébellion d'Arabi »; en second lieu le fait que cette occupation dure encore aujourd'hui depuis l'an 1882, n'est pas à l'honneur du gouvernement britannique. Le 18 décembre 1914 l'Egypte a été déclarée protectorat britannique. A regarder de près les faits que nous avons allégués plus haut, moins nous aurons toujours le mot « d'intrigue » à la bouche et mieux cela vaudra. Appliquons-nous à nous-mêmes, si l'on veut m'en croire, le vieux proverbe : qui habite une maison de verre ne doit pas jeter des pierres chez le voisin. Avons-nous déjà oublié les procédés hautains dont nous avons usé dans la question d'Agadir ?

La déposition illégale du Khédive Abbas Hilmy qui, de l'aveu de tous, tenait son trône de l'autorité du Sultan de Turquie, a été qualifiée d'acte suprêmement déshonorant pour l'Angleterre, mais, ajoutons-le, d'acte que le peuple anglais lui-même remettra au point, il n'y a pas à en douter, en bonne et stricte justice, comme il convient à sa dignité et à son sens de l'équité; laissons faire au temps.

M. Willmore conclut sa brochure par cette question, si l'Egypte sera jamais libre de toute influence étrangère, et d'une même haleine, nous invite à croire que c'est là une question à laquelle personne ne peut donner une réponse certaine. Il admet qu'il est bien naturel pour le peuple égyptien de vivre dans l'attente du jour final de la liberté, mais il ajoute que ce pays n'a jamais vécu dans un état d'indépendance absolue, envahi qu'il a été tour à tour par les Ethiopiens, les Perses, les Grecs, les Romains, les Arabes et les Turcs. C'est la vérité; mais l'argument vaut-il quelque chose, que la vallée du Nil ne doit jamais recouvrer sa liberté pour avoir subi à différentes époques le joug de différents maîtres, tels que les Pharaons, les Ptolémées, les Romains et les Musulmans ?

Il insiste ensuite sur le fait que les Anglais qui gouvernent aujourd'hui l'Egypte sont à considérer comme les patients instructeurs, éducateurs de ce peuple, qui ne perdent jamais de vue le but de l'émancipation de la nation. Car, dit-il, il ajoute une entière confiance à leurs déclarations réitérées que l'Egypte doit appartenir aux Egyptiens, déclarations qui ne sont pas de vains mots à ses yeux, mais des engagements formels.

Il est difficile de croire à la bonne foi d'un auteur anglais qui ne regarde pas à exprimer comme sienne telle opinion ou croyance qui n'est qu'une pure hypocrisie aux yeux de quiconque à étudié un peu à fond l'histoire égyptienne dans son ensemble, et les passages que nous venons de présenter à nos lecteurs, en particulier. Cette opinion est confirmée à la lecture d'une citation que donne M. Willmore dans une partie antérieure de son travail, et qui est extraite du livre de Lord Milner « l'Angleterre en Egypte » ; on y argumente ainsi : la meilleure réponse à nos critiques quand ils nous reprochent d'avoir manqué à nos promesses à l'Europe, c'est que la politique anglaise en Egypte donne pleine satisfaction et aux Européens résidant en Egypte, et aux Puissances. Fort bien, disons-nous : et les Egyptiens ? « Je suis le premier à avouer l'apparente contradiction existant entre les déclarations répétées de nos Ministres et la politique que nous avons été contraints d'adopter », dit Lord Milner. Du reste il ne veut pas entendre parler de mauvaise foi ; pour lui ces « apparentes contradictions » proviennent du fait que quand nous nous décidâmes à intervenir en Egypte, nous croyions la tâche beaucoup plus simple, toute proportion gardée, qu'elle ne l'a été ; que nous pensions n'avoir qu'à supprimer une insurrection, tandis que, une fois mis en face des choses telles qu'elles sont, nous nous aperçumes que l'agitation en elle-même était une affaire de second rang, que la cause des difficultés gisait plus profond, en un mot, que c'était le gouvernement et l'administration toute entière, qui nécessitaient une réforme. Et M. Willmore, ancien juge et juriste éclairé qu'il est, de nous donner gravement sa conclusion où perce son triomphe : « La contradiction n'est donc pas réelle, elle n'est qu'apparente. »

Il nous suffit, à nous, de laisser nos lecteurs juger.

Un mot indispensable avant de terminer. Il a paru dernièrement un livre intéressant, aussi du genre des « porte-lumière », intitulé « Avec Kitchener au Caire » et dont l'auteur est M. Sidney Moseley F. R. G. S. La publication avait été retardée grâce à diverses vicissitudes, où il ne faut rien chercher d'autre que l'opposition qu'on lui fit dans les hautes sphères à cause de quelques passages contenant d'âpres critiques de l'administration britannique en Egypte. M. Moseley est un journaliste de la Fleet-street, qui brilla comme un météore dans la carrière en tant qu'éditeur d'un journal du Caire, et qui eut maintes occasion d'étudier les opinions des Anglais et de gens d'autres nations sur les questions égyptiennes. Touchant l'avenir politique de l'Egypte, il pose cette question à résoudre : « Quel avenir attendre pour ce pays du paradoxe ?» Et il reprend : « Quand lord Kitchener quitta l'Egypte, l'Agence générale britannique s'en alla avec lui. A présent c'est un Haut Commissaire qui règne. « L'occupation » militaire, avec sa séquelle d'anomalies, a disparu d'un coup de la baguette magique du « Protectorat ». Le Sultan (d'Egypte) a remplacé le Khédive — en titre comme en personne — et l'on a écarté formellement et définitivement la suzeraineté fictive du Sultan de Turquie. Somme toute, ces remèdes, pour drastiques qu'ils soient n'avancent en rien la solution de « l'éternel » problème égyptien. La destinée de ce pays va prendre sa tournure finale, il n'y manque plus qu'un pas à faire. Nous verrons quel est ce pas... L'éternelle question d'Egypte est à la veille de sa solution définitive... La clef de l'avenir de l'Egypte se trouve dans ses relations du passé avec la Grande-Bretagne... Le contrôle en double où les Khédives avaient part seulement, ce en vertu des firmans formels des Sultans, n'a servi qu'à retarder les progrès de l'Egypte. Le Khédive régnait de nom ; en fait l'Agent britannique était le chef suprême. Il n'y avait qu'à déférer à son « avis ». — Voilà, disons-nous un aveu candide, et qui fait la meilleure figure du monde en regard de la promesse de la Reine Victoria de maintenir les droits des firmans des Sultans, comme nous l'avons vu par son discours du Trône. Le Sultan d'Egypte est certes tout aussi peu stable — que la reine des quilles !

M. Moseley continue : « Si peu disposée que soit la Grande-Bretagne à autoriser une large immixtion des susceptibilités de la Turquie dans les plans d'amélioration conçus pour l'Egypte — il n'en est pas moins avéré qu'elle s'est laissé influencer par les prétentions, vagues du reste, de la Sublime-Porte. Elle a autorisé l'Egypte à payer à celle-ci un tribut annuel de L. E. 675,000. L'obstacle majeur aux vues de la Grande-Bretagne dans la formation de l'avenir de l'Egypte, c'est en dernier ressort l'Allemagne, ou du moins c'était, car il n'y a pas lieu de croire que nous tiendrons compte de sa manière de voir. De fait, il y a toute raison d'espérer que l'annexion de l'Egypte se fera quand on en sera à refaire la carte de l'Europe. « Ceci est indéniablement et sous la forme la plus condensée, l'opinion de tout Anglais qui compte en Egypte, ainsi que du gouvernement britannique — nonobstant toutes les garanties et les promesses les plus solennelles. Il reste à voir, néanmoins, si le peuple anglais lui-même, qui n'aime pas les tours de bâton ni les malhonnêtetés, laissera recommettre le crime. La question est bien loin d'être tranchée, si le peuple anglais, sachant la vérité, toute la vérité et rien que la vérité sur l'Egypte, se rangera encore à l'avis de M. Moseley, qui dit quelque part dans le livre ci-dessus : « en dépit du recul calamiteux qu'a causé la guerre, l'Egypte dans le moule de Lord Cromer et sur l'assiette de Lord Kitchener deviendra l'une des possessions les plus chères à la Grande-Bretagne. »

CHAPITRE IV

Education.

Le problème si complexe de l'éducation scolaire a été pris sérieusement en considération dès les premiers jours de l'occupation. Telle est l'assurance réconfortante que nous donne notre apologiste, M. Willmore. Nous allons examiner si les faits la corroborent.

Pour voir les choses dans leurs justes proportions, en tant qu'il s'agit de l'Education en Egypte, nous consulterons le dernier recensement publié officiellement, celui de 1907. On y trouve les données sur le nombre des alphabètes et des analphabètes en pour mille de la population de l'Egypte, exclusivement des nomades tels que les Bédouins; ainsi que d'autres données sur l'éducation.

Nous y voyons que la population totale de l'Egypte — sauf les exceptions ci-dessus — était alors de :

           11,189,978 âmes,
    dont 5,616,640 du sexe masculin
    et   5,573,338 du sexe féminin.
Par rapport à leur religion, il y avait :
           5,145,114 musulmans hommes
           5,124,331   »   femmes.
           336,130 Coptes orthodoxes hommes
           330,906   »   »   femmes.
             7,589   »   catholiques hommes.
             6,987   »   »   femmes.
            13,078   »   protestants hommes.
            11,632   »   »   femmes.

Parmi cette vaste population, les alphabètes, suivant les religions, comptaient :

Musulmans	402,090 hommes,	10,579 femmes.
Coptes	67,256 »	5,765 femmes.
Juifs (sur un total de	11,024 »	5,910 »
19,730 hommes et		
18.905 femmes).		
Autres (sur un total	68,299 »	38,399 »
d'env. 200,000 surtout		
Européens).		
Total	548,669 »	60,653 »

Donc le pour mille des alphabètes et des analphabètes, suivant les religions comporte :

	Alphabètes		Analphabètes	
Musulmans	78 hommes,	2 femmes	922 hommes	998 femmes.
Coptes	188 »	16 »	812 »	984 »
Juifs	559 »	313 »	441 »	687 »
Autres	719 »	447 »	281 »	573 »

Si l'on compare maintenant, dans la même proportion les alphabètes de 1907 avec ceux de 1897, on trouve, pour la population totale :

	1907		1897	
Egyptiens	85 hommes,	3 femmes.	80 hommes	2 femmes.
Etrangers	691 »	445 »	728 »	516 »

D'où il suit que l'alphabétisme des Egyptiens hommes a augmenté, dans cette décade du 5 pour mille de la population, et celui des Egyptiennes du 1 pour mille ; autrement dit, il y a accroissement du 6.25 pour cent de l'alphabétisme (Egyptien) masculin et du 50 % féminin ; ce dernier chiffré prêtant à confusion à moins d'examiner de plus près la statistique.

En gros, la population de l'Egypte en 1882, — l'année où commença l'occupation britannique — était évaluée officiellement à 6,813,919 âmes, et lors du prochain recensemeut en 1897 à 9,717,228 âmes. Entre ces deux dates nous trouvons donc un accroissement net de 2,900,000 âmes ; mais il est à considérer que la première de ces deux années se prêtait mal à un dénombrement exact de la population, à cause du bombardement d'Alexandrie et de tous les troubles dont il fut précédé ; mais en faisant la part des inexactitudes, il n'en reste pas moins que l'accroissement de la population est hors de toute proportion avec les progrès de l'éducation, comme le démontrent les chiffres ci-dessus.

Les Egyptiens ont remarqué plus d'une fois les dépenses énormes du Département de l'Education, et les maigres résultats de son travail. Le piteux chiffre de présence des écoles gouvernementales fait présumer que le système actuel a échoué. L'auteur égyptien auquel nous nous reportions dans un précédent chapitre a avancé avec raison que le cours à suivre et le système d'enseignement des écoles primaires et secondaires du gouvernement ne donnent satisfaction ni aux élèves, ni à leurs parents, ni aux maîtres de nationalité égyptienne. Sinon, nous nous trouverions en présence de plus de 6494 élèves primaires et de 1033 élèves secondaires sur une population de 11 millions d'âmes ». Ceci, bien qu'écrit sous le régime de Lord Cromer, s'applique en principe à ce qui est encore aujourd'hui, particulièrement ce que voici : « Les seuls qui soient contents de l'état de choses actuel, c'est la grande armée des Anglais professeurs, inspecteurs, administrateurs, qui prospèrent avec de forts salaires et peu d'occupations. » Nous aurons à revenir sur la question des « forts salaires » et de la « grande armée » des professeurs.

Ce même auteur, dont la sincérité et la bonne foi sont attestées par le T. Hon. J. M. Robertson, Membre du Parlement, se plaint de ce que le 92 % de la population étant des Musulmans, la religion Musulmane et le Coran ne fait l'objet d'aucun enseignement aux écoles secondaires ; les langues modernes (quoique le français serve encore aujourd'hui de moyen officiel de communication) n'entrent pas dans le programme, et le français est banni du plan d'études des écoles primaires. Les manuels anglais ne semblent pas appropriés pour des étudiants égyptiens.

Le résultat auquel on arrive en enseignant à peu près toutes les matières en anglais est, à en croire notre auteur égyptien, que le jeune égyptien à l'âge de 14 ans doit parler cette langue, mais que, pour atteindre à cette excellence dans une langue étrangère, il a dû sacrifier une bonne part de l'étude de sa propre langue et de sa religion, et si flatteurs que soient ses progrès pour l'amour-propre de ses professeurs anglais, ce n'est pas là ce qu'on peut appeler une éducation faite honnêtement. Les parents illettrés de la majeure partie des jeunes Egyptiens ainsi élevés, ambitionnent pour leurs fils une carrière officielle, et ils s'attendent à ce que une fois dégrossis dans l'anglais « avec des connaissances superficielles en géographie, des bribes d'histoire des états européens et quelques notions d'algèbre, etc., ils sont équipés en tant qu'éducation pour la bataille de la vie, ou encore pour aller plus droit au fait, que leurs rejetons ont titre sur le gouvernement pour avoir un emploi sitôt achevées les années d'école. » Le programme des études semble n'avoir pas d'autre but, ce qui peut faire présumer qu'on n'a jamais eu d'autre plan que de créer une race de « clercs ». Quand l'offre dépasse la demande, nous sommes sous le coup de la menace du « fléau de l'Inde moderne — la course au clocher pour les places. »

Un autre grief qu'a le même auteur égyptien — et qu'on a formulé à maintes reprises, et que M. Willmore connaît sans doute parfaitement bien — c'est l'insolence insupportable dont fait preuve le pédagogue anglais envers ses élèves, comme envers les maîtres indigènes qui travaillent sous lui. Il n'y a entre eux point de sympathies ni de bonne entente. On admet couramment que tout Anglais au Département de l'Education est un présomptueux ; on ne saurait s'en étonner, étant donné la classe dans laquelle le plus souvent on le recrute. L'Egyptien de son côté est assimilateur et ne met pas longtemps à gagner les manières grossières de ses maîtres. Il est sous l'empire de ses émotions, le sentiment le gouverne à un point dont ne se doutent pas ses instituteurs anglais. « L'Anglais ordinaire, à plus forte raison le fonctionnaire anglo-égyptien, a la tendance à faire une règle universelle des qualités qu'il a et à voir un signe d'infériorité, dans le contraste des qualités d'une autre race. Cette particularité ne manque pas de frapper les regards partout où vous trouvez un Anglais, mais elle frappe encore davantage en Egypte, où on lui laisse la main libre pour dresser les natifs à sa guise. »

Les Egyptiens furent les premiers à réclamer pendant bien des années, l'éducation élémentaire pour tous, l'instruction nationale, dont la masse de la population n'a pas même les rudiments. « La somme d'éducation », dit notre Egyptien, « répartie sur le corps entier de la population, fait une proportion infinitésimale. Voilà pourtant une grave lacune à laquelle on ne peut remédier qu'en partant du principe avoué que l'éducation élémentaire doit être universelle. »

Nous le demandons sérieusement : Quelles mesures le Département de l'Education a-t-il prises depuis 1882 qui équivalent à la mise en pratique de ce principe ? « Le signe que des jours meilleurs se lèvent pour l'Egypte, sera quand on fera de réels efforts pour conférer à tous ses enfants les connaissances premières qui sont le droit naturel de chacun. » Tout ce que nous avons vu jusqu'ici, démontre que si même on a fait quelque chose, on l'a fait avec peu d'égard pour les traits caractéristiques du peuple ; ceux qui s'attaquaient à la grande tâche de mettre les Egyptiens sur le chemin de la prospérité « s'imaginèrent qu'ils étaient à couvert de toute responsabilité du moment qu'ils donnaient à l'Egypte une opulence matérielle, tandis qu'au contraire ils démoralisaient ceux mêmes à qui ils prétendaient faire du bien. » Nous en dirons plus là-dessus dans le chapitre suivant, où nous traiterons de l'accroissement terrifiant des crimes et de l'immoralité en Egypte sous l'occupation britannique. A quelque point de vue que vous vous placiez, religieux, moral, intellectuel, social ou industriel, la question du progrès de l'Egypte est une question d'éducation. « Telle est l'opinion d'un homme qui a prêté une grande attention à ce sujet, et c'est une opinion égyptienne.

En 1873, d'après les documents, la proportion des élèves des écoles primaires était du 17 pour mille, et la population entière évaluée à environ 5,750,000 habitants. Le 16 décembre 1908, dans un discours au Club des Quatre-Vingt, Lord Cromer, disait : « La grande masse du peuple égyptien est encore plongée dans une ignorance profonde qui ne peut que durer jusqu'à ce que vienne une nouvelle génération. » Voilà ce qu'on nous disait après que l'Angleterre occupe l'Egypte depuis plus d'un quart de siècle. A ce train là, il faudrait que bien des générations passent avant que le moindre changement soit perceptible à l'œil nu.

On a estimé que, en dépit des réclamations continuelles des Egyptiens pour avoir une éducation appropriée à leurs besoins, il n'a été dépensé à ces fins que 1 % des recettes totales des 28 premières années de l'occupation, qui se chiffrent approximativement par 250 millions de Livres, et que la proportion des présences aux écoles primaires, l'année même du discours de Lord Cromer, n'atteignait que le 16 pour mille de la population, soit une réduction de un pour mille sur le chiffre de 1873, qui date de 9 ans avant l'occupation. Quel jour cela ouvre !

Avant d'aborder le sujet des édifices scolaires et du taux de la « scolarité », donnons un coup d'œil à celui des maîtres anglais, et de leurs aptitudes. Un des faits qu'on a relevés avant tout, c'est que dans les écoles on néglige la langue arabe au profit de l'anglais. La raison en sera évidente quand nous dirons que, depuis 1897, on a mis en demeure les candidats à l'agrégation pour les établissements supérieurs d'instruction de subir une de ces trois épreuves, en arabe : 1° l'examen élémentaire, 2° le degré avancé, comportant un prix de 50 L. 3° le degré des honneurs, comportant un prix de 100 L. La tabelle qui embrasse la période de 1897 à 1900, soit 13 ans, nous renseigne ainsi : 154 Européens (presque tous sujets britanniques) ont passé l'examen élémentaire ; 13 l'examen avancé, 1 seul le degré des honneurs. Notons aussi incidemment ce fait, que Lord Cromer, avec tout ce qu'il a fait comme soldat, comme financier ou administrateur, était incapable de parler un mot d'arabe. Faut-il s'étonner qu'il ne lui ait pas été donné de toucher à l'âme des Egyptiens et de comprendre ceux qu'il gouvernait ?

Revenons-en aux qualités qu'on demandait à ceux qu'on envoyait d'Angleterre pour éduquer la jeunesse égyptienne. Un écrivain égyptien a pu dire avec vérité : Le fait, c'est que les maîtres ne sont pas à la hauteur de leur tâche, et que l'on abaisse le niveau des études à leur incapacité. *) Ailleurs « l'incapacité monumentale », du Ministère de l'Instruction Publique est un trait caractéristique de tout le système anglifié de la bureaucratie égyptienne »... Il est absolument impossible à des maîtres ou instructeurs anglais d'enseigner à des Egyptiens ni les branches de l'éducation ni les arts du gouvernement, s'ils ne manient pas parfaitement la langue du pays. » La place nous manque pour dire tout ce qu'il y aurait à dire là-dessus.

Les chiffres que nous avons cités au commencement de ce chapitre, font voir que, sur une population dépassant considérablement les 6 millions, il y avait en 1907 548,669 Egyptiens hommes lettrés et 60,653 Egyptiennes lettrées, dont seulement 102,090 Musulmans et seulement 10,579 femmes de cette religion. La définition que donne le dictionnaire du mot « lettré » s'applique assez mal aux statistiques du recensement, pour la raison qu'il y suffit, pour être qualifié de « lettré » d'avoir la plus faible notion de lecture et d'écriture, sans que cela implique ce qui peut commencer à s'appeler éducation. Et à pousser à l'extrême le système actuel, par « lettres » on désignera uniquement l'art de lire et d'écrire en anglais. Si bien que Lord Kitchener, dans son premier Rapport annuel, de 1912, disait :

« Il est hors de doute que les fellahs illettrés sont dans une condition désavantageuse pour toutes leurs relations entr'eux et que le développement social et économique du pays en est entravé à chaque pas. Tant que le genre de vie demeura simple, l'inconvénient n'était guère ressenti. Mais les changements modernes mettent en contact toujours plus l'agriculteur, le marchand, l'artisan avec les classes plus instruites de la communauté, et font toujours plus appel à leur intelligence, à leurs capacités, en les plaçant dans un entourage au milieu duquel leur défaut d'instruction les met en état d'infériorité... Un des côtés les plus nuisibles de l'éducation élémentaire comme on l'a comprise jusqu'ici, est qu'on s'est borné beaucoup trop à cultiver la mémoire. Une instruction purement « livresque » manque à éveiller quelques unes des facultés les plus utiles de l'esprit... Avant de quitter le question de l'éducation, je tiens à attirer l'attention sur deux développements intéressants du système éducatif de ce pays. L'un, c'est les débuts d'un système d'éducation commerciale. Maintes positions dans la vie civile, à la fois honorables et lucratives,

*) Voir la réponse de Sir Edward Grey à M.-J. M. Robertson à la Chambre des Communes, du 21 février 1907.

sont jusqu'ici et par la force des choses fermées aux Egyptiens élevés dans leur propre pays, faute de connaissances indispensables. L'autre est décidé en principe, quoiqu'il ne soit pas encore entré en vigueur; c'est l'institution d'un système propre d'examens du service civil, aboutissant à l'entrée dans le service du gouvernement. On attend de cette réforme le relèvement du niveau intellectuel des fonctionnaires qui en même temps se verront à l'abri du soupçon de favoritisme qui, même quand on n'aurait pu le justifier, pesait sur eux. »

Il y a, dans ce peu de mots plusieurs déclarations ou allusions à relever. En premier lieu, il y a un aveu du point que nous avons posé, que l'ignorance chez le fellah est trop répandue, et qu'elle entrave le développement du pays. Ensuite, le seul fait de mentionner « un des côtés les plus nuisibles » de l'éducation élémentaire donnée au peuple jusqu'à ce jour — c'est-à-dire entre 1882 et 1912, une période de 30 ans — signifie, si nous comprenons bien Lord Kitchener, que non-seulement il y a d'autres côtés « des plus nuisibles », mais qu'il y en a encore d'autres qui sont les uns mauvais simplement et d'autres « pires » par comparaison ; en troisième lieu, que cette branche du commerce, de première importance dans l'éducation, n'en était encore qu'aux premiers commencements ; que beaucoup de postes enviés étaient jusqu'ici inaccessibles aux Egyptiens, du fait d'avoir négligé cette branche ; et finalement on peut à bon droit soupçonner que l'allusion à un système particulier d'examens du service civil pour l'entrée au service du gouvernement, nous menace sous sa forme la plus crue de la « chasse aux places » prophétisée par l'auteur égyptien que nous avons déjà si souvent cité.

Personne ne doute que Lord Kitchener ne voulût le bien des fellahïn et il est aussi le seul de tous les Agents britanniques en Egypte qui ait cru à leur gratitude pour les bienfaits répandus sur leurs têtes. — A-t-il été sage d'y croire, c'est une autre affaire ; il est certain pour le moins que n'importe quel fonctionnaire anglais en Egypte répondrait que non.

On a avancé que les chiffres inscrits au Budget de l'Instruction Publique ayant remonté de L. E. 81,000 à L. E. 551,000 en vingt ans, les résultats devaient correspondre dans l'amélioration de l'éducation. On nous a dit qu'à l'époque d'Ismaïl on dépensait L. E. 29,000 par an pour l'éducation, que peu d'années après, cette somme était montée à L. E. 81,000 par an, pour s'élever à L. E. 305,000 en 1906, à 374,000 L. E. en 1907 et à L. E. 450,000 en 1908. Mais l'analphabétisme n'avait pas sensiblement décru; le recensement de 1907 montre que dans la décade de 1897 à 1907, l'augmentation de l'alphabétisme a été pour les hommes de 80 à 85 pour mille, et pour les femmes de 2 à 3 pour mille. Et encore de ceux-là serait-il difficile de dire avec certitude si leurs « lettres » vont au-delà de quelques bribes du Coran et autres, bien loin d'ambitionner des succès d'une nature plus académique. La presse égyptienne n'a jamais cessé de signaler le besoin croissant de réforme dans l'éducation, un journal anglais est même allé jusqu'à affirmer « que l'avenir de l'Egypte dépendait en grande partie de la façon dont le gouvernement s'occuperait de l'âge d'enfance où est ce pays. » Il va sans dire qu'il y a une grande difficulté à se procurer en suffisance des maîtres capables pour les écoles normales élémentaires; mais elle n'est pas insurmontable. La nécessité est urgente, on devait donc depuis longtemps faire l'effort nécessaire et arriver à chef.

Sans doute, il y a quelque mieux dans l'éducation des jeunes filles indigènes ; on constate qu'en regard de 2.050 qui suivaient les écoles en 1900, il y en a 12,000 en 1909; 26,000 en 1913. Mais ce chiffre est encore piteux en présence des besoins du pays; et il faut douter fortement que la marche des études soit celle qu'il faudrait pour répondre soit à leurs besoins, soit à leurs capacités. On sent les difficultés qui s'opposent à ce que l'enseignement soit donné aux jeunes filles indigènes par des hommes ; et il y a lieu de douter fortement qu'on puisse trouver assez d'Européennes capables de comprendre leurs élèves et qualifiées pour leurs tâches variées. Une idée qui vaut d'être considérée et qui a été formulée par la presse égyptienne, parlant de l'éducation des femmes ; c'est que « l'arabe doit être la première et la plus importante d'entre les matières ; nous devons apprendre aux femmes à connaître et à aimer leur propre langue » ; et l'écrivain félicite le ministre d'avoir interdit l'enseignement de l'anglais dans ces écoles, « comme tendant à nuire à la paix des esprits dans la classe inférieure. »

Quelles que soient les décisions prises par le Ministère dans sa haute sagesse, il faut connaître peu la vie indigène en Egypte pour ne pas se rendre compte que ce que l'on demande avant tout, pour les cerveaux féminins, ce sont des distractions et des occupations saines ; l'éducation hygiénique et littéraire suivra presque d'elle-même. Mais ce premier de tous les besoins dans ce domaine-là a été le cadet des soucis de l'administration britannique, en dépit des appels et des représentations les plus urgentes.

Le gaspillage des deniers de l'Etat en matière de professeurs européens — presque tous Anglais — dans les différentes écoles, est un scandale grandissant. Prenez par exemple l'Ecole Khédiviale de droit, où l'on donne de l'emploi à demi-douzaine d'avocats.

Ces chaires lucratives sont données à des professeurs qui les doivent à la protection bien plus qu'au mérite, et qui dans leur propre pays, comme l'ont relevé plusieurs écrivains bien connus, seraient en peine de gagner leur vie par la pratique légitime du barreau. Quelques-uns disposent de ressources personnelles, et, une fois accordé un minimum de temps aux cours qu'ils font par simple routine à leurs élèves, vous les trouvez à leur Club, occupés à flâner ou adonnés à tous les sports possibles y compris celui du « golf » ou conduisant de coquettes « dog-carts », ou tuant le temps comme ils peuvent jusqu'au soir, où se présentent de nouveaux divertissements où nous ne les suivrons pas.

Ce cas est le même en somme pour tous ces Anglais sur-payés du Département de l'Education, à peu d'exceptions près. Au Caire, dans les trois écoles secondaires, la Tewfikié, la Khédivié et la Saidié, il n'y a pas moins de trois Chefs, trois maîtres en second, trente-sept assistants et trois maîtres d'art, tous anglais à l'exception des trois maîtres en second, qui sont égyptiens. Au collège préparatoire Khédivial il y a treize assistants anglais et un maître d'art. A Alexandrie il y a cinq assistants anglais à l'école secondaire de Ras-el-Tin et un maître d'art ; à l'école secondaire d'Abbassia, il y a douze assistants anglais et un maître d'art. A l'école de Filles et au collège préparatoire de Samieh, à l'école Abbas de Filles et au collège préparatoire de Boulac, au Caire, il y a dix-sept Anglaises à titre fixe comme principales, vice-principales, maitresses en premier ou en second.

Dans le Département de l'Enseignement agricole technique et commercial, qui comprend l'école des ingénieurs, l'école d'agriculture, l'école de comptabilité et du commerce, l'école technique Khédiviale, les ateliers modèles, il y a, abstraction faite du Directeur général, de l'Inspecteur général, de l'Inspecteur des Ateliers modèles et des écoles de commerce, le sous-Inspecteur, l'Instructeur et l'Inspecteur des Industries, Arts et Métiers, tous Anglais et à la haute paie, il y a, disons-nous, en tout et pour tout deux Principaux, un Directeur, un Directeur par intérim, deux Instructeurs et vingt chargés de cours, qui sont Anglais. Preuve palpable de la négligence dont souffre l'enseignement agricole et technique aussi bien dans la métropole que par toute l'Egypte.

Au Ministère de l'Education, il y a — en y comprenant le Conseiller légal — au moins dix fonctionnaires anglais grassement payés.

Il n'est pas difficile de faire le calcul de ce qui reste pour les besoins effectifs de l'instruction du pays, après qu'on a défrayé un pareil état-major d'Anglais et d'Anglaises du Département même ; car ils veulent tous avoir de quoi faire chaque année un voyage dans leur pays, qui leur prend trois mois, jouir de leurs vacances au milieu de leurs amis, observer les jours fériés tant chrétiens que musulmans qui reviennent à chaque instant pendant les trois autres quarts de l'année en Egypte ; de plus il faut être bien habillé, payer sa cotisation au Club, participer à toute espèce de divertissements et de sports auxquels on s'ingénie dans la communauté anglaise à seule fin de trouver l'emploi des heures de loisir, et l'on sait de combien de sortes il y en a, de ces amusements. Tout cela coûte, et c'est le souffre-douleur Egyptien qui paie. Sans parler des pensions qui viendront plus loin.

Faisant maintenant la comparaison des résultats de cet outillage d'enseignement et de ce qu'il coûte d'une part, avec ceux qu'on obtient en Europe d'autre part — dans ces temps de guerre nous ne nommerons pas le pays que nous avons particulièrement en vue — on en vient à l'étonnement et au dégoût. Et forcément on se demande : est-ce que l'on autorisera longtemps encore cette négligence coupable dans l'enseignement de l'Egypte ? Car il n'y a pas à dire, on ne peut guère concevoir quelque chose de plus scandaleux, si l'on songe aux bénéfices que fait l'Angleterre dans ce pays. Si l'on songe encore, que beaucoup des postes occupés par des Anglais au Département sont de purs emplois lucratifs, vu que ces personnes touchent des appointements à une autre place. Cela est vrai en particulier de l'école Khédiviale de droit; car aux dires de notre auteur Egyptien — qui se rapportent entièrement à notre thèse — parlant du Ministère de la Justice, où les Anglais règnent en maîtres. — « Il ne faudrait pas chercher bien avant pour démontrer que la plupart des personnages dont on a fait choix pour les postes les plus en vue du système judiciaire, où ils ont le faix de si graves responsabilité, sont loin de jouir dans leur profession d'une réputation si solidement établie qu'elle leur confère l'autorité suffisante sur leurs collègues indigènes. — En remontant dans la carrière de quelques uns d'entre eux — non de tous assurément — on trouve qu'ils ont eu l'accès au Barreau anglais après quelques lectures rapidement faites dans les locaux d'un avocat anglais. Mais, autant que j'ai pu m'en assurer, peu d'entre eux ont jamais conduit une affaire dans une cour de justice européenne, ont jamais joué dans son enceinte un rôle plus remarquable que celui de spectateur casuel. Est-ce à des personnages de cet ordre, bien pourvus de gros appointements, additionnés de cours lucratifs donnés à l'école Khédiviale de droit, qu'on doit confier le soin de trancher de la vie, de la liberté, des propriétés du peuple Egyptien ? »

C'est avec un accent de triomphe que M. Willmore entre

deux ou trois remarques sur les établissements d'utilité publique « qui étaient en construction avant la guerre, » note ceci : « Une école secondaire à Tantah ». Une, c'est tout ! De combien d'autres a-t-elle été suivie jusqu'à la date de son écrit-apologie (1917), il ne nous le dit pas, mais je l'intéresserai peut-être en lui apprenant, d'après un autre écrivain égyptien, Membre de l'Assemblée législative d'Egypte, que, en l'année 1836, Mohamed-Ali fonda le Ministère de l'Instruction Publique, et qu'il créa l'année suivante pas moins de cinquante écoles primaires. Lui-même illettré, il sut comprendre la nécessité d'éduquer son peuple, et fonda entre autres écoles, celle de Médecine, l'école Polytechnique, celle d'Agriculture, d'Arts et Métiers, l'école Vétérinaire, d'Administration, du Commerce, des Langues, des Etudes militaires et navales, sans parler d'autres établissements spéciaux. Il envoya aussi des jeunes gens étudier en Europe aux frais du gouvernement.

Le même auteur avec raison rappelle combien de fois les Egyptiens, soit avec la plume, soit de bouche ont réclamé qu'on leur donnât l'instruction obligatoire et gratuite. Le gouvernement n'a jamais su répondre que « manque de fonds ». Pourtant Lord Kitchener dépensait des sommes énormes des deniers de l'Etat en construction de routes dans le Delta et ailleurs, assurant qu'il les fallait absolument pour le bénéfice des fellahs, quand nous savons tous qu'elles furent construites principalement pour le bénéfice de ceux qui en usaient avec leurs automobiles ; en même temps on n'avait rien à mettre de côté pour arrondir le Budget de l'Education.

Heureusement, si l'apathie officielle ne faisait rien pour remédier à cette situation, les Egyptiens bougeaient.

Le législateur égyptien que nous venons de citer a attiré notre attention dans un petit pamphlet, sur le fait que grâce à une entreprise nationale, on a fondé une Université au Caire, et que des associations de bienfaisance de différentes croyances ont créé des écoles primaires, secondaires et professionnelles pour l'instruction des peu fortunés. Pour illustrer les efforts faits dans ce but par les Egyptiens eux-mêmes, il a tiré les chiffres suivants de la statistique annuelle publiée par le Ministère des Finances en 1913 :

Ecoles gouvernementales	68
» contrôlées ou subventionnées par les Conseils provinciaux	132
» fondées et subventionnées par les sociétés égyptiennes de bienfaisance	167
» privées égyptiennes	425
» de théologie subventionnées en grande partie par des fondations pieuses	15

Où ne sont pas comprises 3794 écoles élémentaires (Kout-tabs) dont la création est dûe à l'initiative privée.

Faute de place dans les Ecoles supérieures, il n'y avait si l'on se reporte aux chiffres mêmes de Lord Kitchener en 1913, pas moins de 750 étudiants égyptiens aisés en Europe; vu que ceux qui ont des moyens de fortune sont exclus de la fréquentation des établissements gouvernementaux de cette catégorie. Citant un autre exemple de ce qu'on est en train de faire pour l'éducation, à l'écart de l'assistance du gouverne-ment, notre auteur rend un hommage de reconnaissance aux écoles étrangères qui contribuent pour une si large part au développement de l'instruction publique dans le pays. Il men-tionne ce fait qu'en 1915 elles étaient fréquentées par 10,000 élèves égyptiens, dont la moitié suivaient les écoles françaises.

Ces chiffres font une impression bien différente de celle qui se créerait chez ceux qui accepteraient les yeux fermés les dires de M. Willmore et d'autres, d'après lesquels il ne faut pas hésiter un instant à reconnaître le succès phénoménal avec lequel l'Administration britannique a promu la cause de l'édu-cation en Egypte.

CHAPITRE V

Religion et moralité.

Cameron dans «l'Egypte au XIXe siècle» écrivait : «Nous, qui nous disons chrétiens, nous ne pouvons que ressentir de la honte à entendre comment des aventuriers chrétiens ont pris pour victimes des musulmans d'Egypte; je veux bien qu'ils ne les aient pas abattus à coup de fusil, mais en maniant les abus des capitulations et privilèges qui étaient entre leurs mains une arme des plus cruelles, et en se servant des détours du Code européen, où tout était obscur pour les Orientaux. Ayons le point de vue qui nous convient, suivons une morale élevée ou basse comme nous voulons, ayons l'amour de la vérité ou adoptons le cynisme qui règne en politique, mais ayons un poids et une mesure. Nous ne pouvons condamner l'Egyptien et acquitter l'Européen pour les mêmes faits, et du moment que nous cherchons à pallier nos fautes, soyons larges aussi envers celles d'Abbas et de Saïd, et encore même d'Ismaïl. »

Pour le dire : Nous avons, si l'on veut, laissé aux Musulmans d'Egypte leur religion, bien que nous fassions notre possible pour les éduquer et les administrer au gré des traditions occidentales ; pour les élever selon la voie que nous pensons — du moins nous disons le penser — qu'ils devraient suivre, c'est-à-dire par l'intermédiaire de l'étude de l'anglais, et enfin pour les disssuader de s'adonner librement à leur propre langue — qui est la langue du Coran. Mais c'est une bien autre question de savoir en quoi nous avons fait preuve de tolérance envers leur religion, et leurs traditions religieuses. Cette question nous voulons l'aborder aussi. Et nous affirmons que ce n'est pas la moindre de nos erreurs, que d'avoir insulté la foi musulmane toutes les fois que l'occasion se présentait pour arriver à faire de cette religion et de ses croyants un objet de mépris ; pour cela il n'y avait qu'à leur donner tant et plus du fanatique. Dans un pamphlet M. Willmore cite un passage de l'ouvrage de Brandt : « Die englische Kolonial-politik, » écrit à la louange des travaux de Lord Cromer en Egypte, où se trouvent ces mots : « Le fanatisme religieux; et l'apathie morale de la population. » Cette citation tombe mal, parce que c'est une tentative qui fait peu de crédit à M. Willmore, de se faire de l'auteur allemand un cheval de bataille. En tout cas il faut croire que M. Willmore prend à són compte le « fanatisme » et « l'apathie morale » où il voit les principaux éléments de cette influence néfaste que Lord Cromer rencontra sur son chemin dès qu'il voulut élever quelque peu le niveau de l'esprit indigène, pendant son régime en Egypte.

Voyons maintenant l'avers du tableau, son côté laid et jugeons. Il n'entrera dans l'esprit de personne de ceux qui connaissent l'Egyptien ordinaire, de perdre sa peine à en faire un parangon de vertus ; pas plus que de vouloir à toute force que la morale en Egypte eût atteint un haut degré au moment où les Anglais entrèrent dans ce pays. Seulement, tandis qu'autrefois le vice s'étalait librement, il est maintenant en pleine croissance, et brave les mesures qu'on a prises récemment pour le masquer au regard du public, de façon à ce qu'il ne frappe pas l'œil nu lui-même. On n'a fait que blanchir le sépulcre à la chaux ; au-dedans grouille la matière en corruption. Si quelqu'un est à blâmer pour cela, c'est beaucoup l'administration britannique et « l'occupation ».

Il y aurait, par exemple, à considérer la question de l'alcool, par rapport à l'accroissement si déploré de la criminalité en Egypte — accroissement qui, en dépit des chiffres et des statistiques officielles, n'en est pas à marcher seulement de front avec l'accroissement de la richesse. M. J.-M. Robertson dans son introduction aux lettres de l'écrivain égyptien que nous avons déjà cité si souvent, mentionne « le fait de damnation de l'accroissement du crime en même temps que la richesse s'accroît ».

Il fait des plaintes « de la défaillance lamentable de la machine morale à corriger l'état arriéré où l'on en est encore en matière sociale et politique ». Il demande ceci : « Les panégyristes officiels ou autres du Contrôle britannique veulent-ils examiner le côté de la question avec la même franchise que l'autre côté. le côté fort ? Ou persisteront-ils mécaniquement, à nous rabâcher la grande apologie du régime britannique, la prospérité matérielle qu'il a donné, et qui dans aucun pays européen ne saurait suffire à excuser un seul instant l'état de stagnation morale et mentale où croupit l'Egypte ? » Ceci écrit en 1908, après le départ de Lord Cromer de l'Egypte.

Voici maintenant ce que dit là-dessus notre auteur égyptien. Au sujet de Lord Cromer de 1905, un an avant l'incident de Denshavai, il se pose cette question : « Quel bien a-t-il opéré, pour avancer la morale de l'Egypte ? Ou en d'autres termes, la morale a-t-elle progressé comme l'état matériel ? Je crains fort que la réponse ne soit une négative. Les crimes ont augmenté, en dépit de la prospérité, pendant toutes ces dernières années. De plus et peut-être en liaison avec cela, l'habitude de boire commence à mordre dans la population indigène. (Rapport annuel de Lord Cromer pour 1904) à l'encontre des prescriptions du Coran. Ce relâchement du lien religieux est, plus qu'ailleurs encore, en Orient du plus fâcheux augure. »

On a travaillé trop pour la galerie et — disons-le carrément — trop en hypocrites, les questions de réformes sociales, et l'administration britannique doit se reprocher elle-même le manque de courage à l'égard de tout ce qui touche à l'exemple et à l'influence — peu recommandable en général — de cette masse de soi-disant Européens qui infestent le sol de l'Egypte. « Il y a un terrain » dit M. S. M. Robertson, sur lequel les Puissances pourraient se rencontrer et faire abandon de leurs droits si jalousement gardés, ce serait celui du gouvernement autonome à établir par elles en Egypte, sous des garanties qui ne donneraient à la Grande-Bretagne aucun avantage sur un autre pays. Lord Cromer s'est constamment refusé à prendre en considération ce mode de faire. Il reste à voir encore si l'extension promise du gouvernement autonome par provision que nous avons maintenant, consistera à accorder quoi que ce soit qui en vaille la peine et du côté qu'il faut. « Du côté qu'il

faut, nous n'avons vu se produire quoi que ce soit qui en
valût la peine. » M. Robertson continue : « A moins de cela,
les prétentions de nos impérialistes en matière de succès britannique en Egypte peuvent tout au plus faire rire d'eux quiconque regardera par dessous la surface brillante de notre
administration. Il n'y a pas, après tout, de quoi triompher
pour un Etat européen à la fin du XIX° siècle, d'avoir fait une
avance même notable dans l'exploitation des ressources d'un
des pays les plus fertiles de la planète. Les Ptolémées en
firent tout autant pour leur époque, et les Romains pas moins
quand ils leurs succédèrent. Le seul mot de science moderne
éveille l'idée de semblables progrès ; et les ingénieurs français
n'avaient pas attendu les Anglais pour projeter au moins certaines des plus grandes œuvres de leur art qu'on ait exécutées
dans ces derniers temps en Egypte. Le fait d'avoir introduit
par surcroît quelques importantes réformes politiques telles
que l'affranchissement du paysan des corvées et de la contrainte du fouet dans la levée des impôts, c'était là le plus
simple devoir d'un régime qui voulait s'appeler britannique.
Y manquer, c'eût été ne pas même garder les dehors du progrès moral. Mais si notre école impérialiste a une note caractéristique, c'est qu'elle ne peut pas comprendre combien il est
vain de s'en faire accroire à soi-même de ces quelques améliorations, et qu'elle n'en démord pas de tout ce que les Egyptiens nous doivent pour cela. »

On a toujours excipé des capitulations pour s'excuser de ne
pas intervenir dans quelques-unes des questions urgentes de
réformes morales ; mais quand des gens qui auraient mieux
fait de s'occuper d'autre chose, sous couleur de philanthropie
religieuse, se sont mêlés de ce qui ne concernait que les indigènes et leurs antiques coutumes — dont on ne savait pas
le premier mot, ni de celles-ci ni de ceux-là, bonne raison
pour y fourrer son nez, — on s'est gardé de faire valoir cette
excuse des capitulations ; là ou «les anges n'auraient posé le
pied qu'en tremblant», les ignares se sont rués avec ensemble
et dans certains cas notoires, les résultats ont été un désastre.
Prenons comme exemple l'abolition de l'esclavage domestique.

Tout d'abord, une contradiction choquante. L'esclavage a été
aboli au sein des familles égyptiennes, mais on tolère jusqu'à
ce jour certains usages qui en sont provenus et qui non-seulement sont une tache pour l'administration responsable de cette
négligence, mais exposent le principe même de l'abolition au
mépris et à la dérision. Un des plus infâmes d'entre ces usages, qui se perpétue dans la Haute-Egypte tout au moins, est
le droit reconnu au propriétaire d'une femme esclave, de la
prendre dans son lit la première nuit qu'elle s'est mariée avec

un autre homme. Nous avons observé nous-même un cas de ce genre dans la Haute-Egypte; des rapports forcés qu'eût cette femme avec son maître la nuit de noces, naquit un fils, qui se trouve dans cette situation d'avoir pour père légal un Soudanais — sa mère étant aussi une musulmane du Soudan, — tandis que le père de fait est un Copte. Malgré les démentis officiels, il est certain que l'usage est encore en vigueur.

Nous ne pouvons mieux faire que de citer ici un écrivain Egyptien, qui a de l'éducation et est Musulman. Au sujet de l'émancipation des femmes musulmanes en Egypte, il affirme qu'à changer brusquement l'état de choses, on court au devant d'un désastre. «Les femmes, tenues à l'écart et ignorantes pendant des siècles, si vous les émancipez d'un jour à l'autre, deviendront la proie du premier aventurier beau parleur qui passera sur leur chemin. Nous autres Musulmans nous avons toujours sous les yeux le sort des esclaves domestiques femmes, qu'on a affranchies. Pauvres créatures sans défense, chéries et gâtées par leurs maitresses, elles furent jetées soudainement parmi les écueils d'un monde impitoyable pour fournir au trafic immonde des maisons de prostitution, et assouvir les instincts de leurs émancipateurs européens. Si l'on lâche sans avertissement la Musulmane d'Egypte dans la Société, elle paiera pour sa liberté la même rançon que son esclave a payée. »

Pour l'Evêque de Londres, voici ce qu'il avait à dire des femmes Musulmanes au Albert-Hall à Londres, en sept. 1911: « Je suis de cœur avec les 100 millions de femmes musulmanes, victimes toutes du concubinage illimité et de la plaie du divorce. » Il disait cela trois mois avant d'aller voir l'Egypte lui-même, et ensuite le Soudan, où ses expressions l'avaient précédé et s'étaient enfoncées non-seulement dans l'esprit de quelque 11 millions de Musulmans d'Egypte, mais aussi de 65 millions de Musulmans de l'Inde, où l'Empereur-Roi était sur le point de se rendre pour le Grand Durbar. Ces paroles si déplacées faisaient partie intégrante d'une philippique générale contre la foi musulmane, à la plus grande édification et pour l'avisement d'une vaste assemblée de missionnaires qui étaient sur leur départ pour les différents points du globe où il y avait « des païens à convertir. » Ce sera à toujours un témoignage à la honte du bigotisme et du fanatisme de l'Angleterre dans ses relations avec des millions de Musulmans qu'elle gouverne, un démenti frappant à quiconque prétendrait le contraire du fait de notre attitude vis-à-vis des sauvages tout crus, ou des paeïns, ou quelque soit la dénomination qui vient à l'esprit de ces gens qui s'arrogent de s'immiscer dans les croyances religieuses des « noirs », ce terme généreux et générique par lequel les Britanniques désignent quiconque à la fois est un homme de couleur et n'est pas chrétien. Définition qui après tout en vaut une autre.

L'Evêque avait étudié les écrits de certains missionnaires, en particulier l'ouvrage intitulé : « Reproches contre l'Islam », par le Rév. W. H. T. Gairdner, missionnaire au Caire pendant plus de 10 ans, où il ne s'est guère approprié cet esprit de tolérance religieuse dont veulent faire montre nos apologistes. M. S. N. Leeder, mentionne du reste cet incident dans un ouvrage qu'il a intitulé «Mystères voilés d'Egypte» et qui a été écrit avec beaucoup de réflexion. Il y dit ceci : La controverse soulevée par un discours de l'Evêque de Londres à l'Albert-Hall est encore présente à l'esprit de beaucoup. Les Musulmans de toutes parts se sentirent surpris et indignés... Quand l'orage gronda, l'Evêque avoua qu'il ne savait rien de l'Islam, qu'il était allé s'en informer dans le livre «Reproches contre l'Islam». Non que le ton de cet ouvrage soit amer, comme l'est celui de tant d'autres, mais comme dans ceux-là, on y désire ce sens d'affection humaine à défaut duquel un homme est hors d'état de gagner l'oreille de ceux à qui il apporte un message religieux et qui sont d'une autre race que lui, car comment pourrait-il, manquant de cette affection, comprendre quelles sont leurs vraies aspirations ainsi que leurs besoins. M. Leeder, comme pour mettre en relief ce qui a donné lieu aux surprenantes expressions de l'Evêque de Londres, ajoutait : « Rien n'égale notre ignorance en Occident sur les choses de l'Islam, si ce n'est le tort que nous avons de les ignorer ainsi. On ne sent bien l'ignorance désastreuse dans laquelle on vivait que quand on a dû vivre comme moi avec les populations arabes de l'Afrique du Nord et ensuite de l'Egypte, et qu'on s'est mis à lire le Coran soi-même, après n'avoir eu pour guide au début que ce que tout le monde sait du Prophète de l'Arabie et de ses enseignements en tant qu'ils modèlent la vie de ses sectateurs actuels. » Plus loin il remarque : « En Egypte, par exemple, il est rare de trouver chez les résidents européens, plus qu'une connaissance superficielle de l'Islam. »

Laissons un instant de côté la question des femmes musulmanes. Prenons dans le « Times » un article important qui parut le 28 septembre 1911 sous le titre: «L'Islam en Afrique,» à l'occasion de la question de Tripoli, qui excitait alors l'attention du public. Nous y lisons ceci : « La tournure que prennent les évènements semble être de nature à remuer jusque dans les profondeurs l'Islam de toute l'Afrique; et vu les conséquences graves que cela peut avoir pour les intérêts des puissances africaines, quelques mots sur le sujet ne seront pas de trop. Je ne suis pas de ceux qui voient un danger dans

l'Islam chez les noirs d'Afrique — *à moins de coupables agres-*
sions de la part des puissances chrétiennes qui l'attaqueraient de
gaîté de cœur ou d'un zèle indiscret et impolitique de la part
des missionnaires chrétiens... Il n'y faut qu'une certaine faculté
de se représenter les choses et un peu d'expérience de ces problèmes — pour se rendre compte que les agissements de la
France au Maroc, suivis du coup qu'on a en vue à Tripoli, ne
constituent rien moins qu'un assaut combiné contre l'Islam,
envisagé comme force politique et comme force spirituelle —
lesquelles ne se séparent pas en fait l'une de l'autre, du moins
dans l'esprit d'un Africain — et ne manqueront pas d'être con-
sidérés ainsi, du littoral de la Méditerranée au Nil vers l'est
et au Niger vers le sud.

Ou bien encore cette lettre intéressante, à cause de l'autorité que confèrent à son auteur son érudition et ses connaissances sur le sujet, écrite par l'éminent Amir Ali et datée du
« Reform-Club » le 27 septembre 1911; elle parut dans ce même
numéro du « Times », et nous la donnons en preuve de ce
que nous avançions, dans un chapitre précédent, du malaise
régnant en Egypte du fait de l'agression européenne dans le
Nord de l'Afrique et du filoutage des provinces de l'Empire
ottoman.

Je m'autorise de l'intérêt profond que je porte à la question des bons rapports d'amitié à faire naître et à entretenir
entre le christianisme et l Islam... pour, au risque d'abuser de
l'hospitalité de ces colonnes, attirer votre attention sur les conséquences à perte de vue qu'aura l'invasion projetée des Italiens
à Tripoli. Pour l'Angleterre, c'est d'une sérieuse importance ;
cent millions de Musulmans reconnaissent sa domination, qui
tous suivent d'un regard vigilant ce qui arrive à leurs coreligionnaires sur tous les points du monde. Il y aura une réac-
tion certaine de fureur et de haine dans le monde musulman
entier, si l'on laisse se faire d'un cœur léger une agression
aussi injustifiable ; l'Egypte, l'Afrique nord toute entière en
seront immédiatement affectées, et l'on aura retardé de plusieurs siècles l'œuvre conciliatoire et les progrès du bien.

Le « Near East » (Proche Orient) qui paraît à Londres,
eut aussi quelques remarques à propos, vers la même époque,
sur ces deux sujets de l'agression italienne dans l'Afrique nord
et du discours de l'Evêque. On y lisait entre autres ceci :
« Naturellement les Musulmans ressentent amèrement ce qu'à
dit l'Evêque de Londres de leur religion... Les erreurs de fait
auxquelles il s'est laissé entraîner ont été mises au point dans
le plus bref délai par Mirza Ali Bey, du Conseil Indou, et le
professeur Margoliouth, dans des lettres adressées au « Times »,
et l'Evêque s'est efforcé de faire croire qu'elles n'existaient

pas... mais ce qu'il en a dit, était de la part d'un homme dans sa position, plus déplacé et blessant qu'autre chose. Ce qui aggravait encore le cas, c'est qu'il a prononcé son discours à la veille même d'une des violations les plus flagrantes du droit international aussi bien que de la justice courante qui se soient perpétrées dans l'histoire, et elle vient d'une des puissances chrétiennes en vue, contre un Etat musulman ». Puis, après une allusion au « trait le plus saillant de cet incident », qui est, que l'Evêque s'apprêtait justement à partir pour Khartoum pour y consacrer une cathédrale à la mémoire de Gordon, l'auteur de l'article s'exprime ainsi : « D'après les sentiments que l'agression italienne a provoqués partout où il y a des Musulmans, sa présence à la cérémonie après un discours de cette nature aura sans doute l'effet le plus fâcheux en Egypte et au Soudan ».

Ici, félicitons-nous de notre « impartialité » ; comme on le voit, notre grand organe anglais avec son vaste public ignore même qu'il y ait eu une agression anglaise en Egypte, ni française au Maroc ou à Tunis. Les passages que nous venons de citer feront, espérons-le, bonne justice de notre prétention d'accoler l'épithète de fanatique ou de bigot aux autres peuples que nous, soit en Egypte soit ailleurs, toujours en vertu de la maxime de la « maison de verre ».

Et maintenant nous pouvons revenir à la question des Musulmanes. Sir Eldon Gorst dans son dernier rapport, daté de 1911, a mentionné la Société pour la répression du trafic des esclaves blancs, à propos de l'énorme trafic qui se fait des jeunes filles en Egypte et a appelé ce commerce affreux un « abominable commerce » ; mais il faut remarquer avant tout qu'il se garde de mentionner certaines causes des plus assurées de l'accroissement de l'immoralité en Egypte: ce sont, par exemple, la suppression décrétée par l'Angleterre de l'esclavage domestique, et le séjour en Egypte de l'armée d'occupation. Ce qu'il y a, c'est que nous pouvons démontrer pour combien ces causes justifient cet accroissement.

Citons ici de nouveau l'auteur du « Pays des Pharaons », (Egyptien, comme nous l'avons dit), et voyons comment il s'exprime sur ce sujet : « L'esclavage n'est point pour moi, article de foi, toutefois, en matière d'esclavage domestique égyptien, j'ai une opinion décidée. La société anti-esclavagiste n'a pas pu prévaloir auprès du gouvernement britannique pour qu'il aidât le gouvernement égyptien à se maintenir au Soudan, où le régime Derviche ne vivait que des revenus du commerce des esclaves, dont il alimentait même la source ; mais il fallait qu'elle mît sens dessus dessous toute la structure de la famille égyptienne, seulement pour s'immiscer parmi les esclaves de famille. Les femmes d'Egypte, avec leur vie retirée, pour avoir la société et les aises que ne leur fournissaient pas leurs maitres, faisaient appel à leurs esclaves femmes; ces dernières en arrivaient insensiblement à être non-seulement les compagnes et les servantes de leurs maitresses, mais aussi leurs amies intimes. Souvent sans avertissement et sans préparation une main impitoyable a arraché ces femmes du seul intérieur qu'elles connussent et les a entassées parmi des étrangers dans un Home d'esclaves. Leur innocence même les faisaient succomber dans la bataille de la vie, et ignorantes comme elles l'étaient du monde, c'était une proie facile au spoliateur européen. Ce n'est pas grâce à leurs instincts vicieux que la plupart de ces femmes sont devenues des prostituées. On leur avait appris qu'il faut obéir ; quoi d'étonnant qu'elles aient livré leur honneur aux gens de l'Occident, qn'elles étaient accoutumées à regarder comme des demi-dieux. J'ai parlé à des soldats libérés de l'armée d'occupation, qui m'ont fait parade de leurs conquêtes amoureuses, de leurs excès avec des femmes indigènes pendant leur séjour en Egypte ; en cela «Tommy» ne faisait que se conformer à son supérieur. Et je reste en dessous de la réalité, bien loin d'exagérer, et si le lecteur a encore quelques doutes, j'ajouterai seulement que le nombre des gens de demi-caste — nés d'Européens et de femmes indigènes — s'est accru du mille pour cent à partir de l'occupation, en conséquence de l'affranchissement des esclaves domestiques. Cette émancipation, en libérant les femmes de la contrainte de la loi musulmane, n'a agi que comme prime pour le vice, dont celles des Musulmanes plus relâchées que les autres ont profité avec empressement... Sous le régime de l'esclavage domestique, si un maître descendait à des relations avec son esclave, la loi musulmane le forçait de l'épouser. Notre auteur cite un exemple, le fait qu'Ismaïl-pacha lui-même n'a pu se mettre au-dessus de cette loi, et qu'il fut forcé un jour de faire sa femme d'une esclave et de l'établir en lui assurant des moyens d'existence.

Qu'on note maintenant ces faits ; certifiés en 1911, en regard de la condamnation en masse des cent millions de Musulmanes par l'Evêque de Londres, la même année.

Tous ceux qui venaient visiter l'Egypte, une année après l'autre — quant aux résidents, hommes ou femmes, ils s'étaient endurcis à ce spectacle — étaient choqués de l'immoralité flagrante qui s'étalait à un jet de pierre d'un des hôtels les plus connus du monde et des centaines de femmes de toutes les nationalités méditerranéennes qui s'exhibaient de la façon la plus répugnante aux fenêtres d'un groupe de constructions devenues des bordels et sous lesquelles passait quiconque avait à aller à la gare du Caire ou en revenait. Pendant bien des années de l'occupation britannique on ne fit pas la moindre chose pour mettre un terme au spectacle révoltant qui se passait dans cet endroit, qu'on a appelé souvent l'une des sentines du monde, jusqu'à ce mémorable Vendredi-Saint de l'an de guerre 1915, où les Australiens se déshonorèrent à jamais par les excès ignobles auxquels ils se livrèrent parmi les malheureuses qui faisaient là métier de leur corps. Nous n'entrerons pas dans les détails immondes de cette affaire, qui méritèrent un moment l'attention du monde entier — qu'ils nous suffise de féliciter les autorités du courage latent qu'elles déployèrent bien tard malheureusement, en fermant alors de suite les maisons sans égard aux fonds qu'y avaient investis soit les femmes soit certains hauts personnages qui se faisaient de gros revenus avec les établissements. L'incident a été raconté par la plume alerte de M. Moseley, dans son livre « Avec Kitchener au Caire »; il dit pour finir : « Les *Anzacs* durant leur séjour en Egypte se sont aidé, dans l'innocence de leur âme, sans doute, à effacer du Caire une des sentines qui l'infectaient. »

Avant de quitter ce sujet pour un autre moins nauséabond, il faut le regarder en face, sans fausse pruderie : c'est de la question du vice en Egypte que nous voulons parler, et de la responsabilité de l'Angleterre dans la façon insolente dont il s'affiche. M. Willmore nous dit que « la sécurité est aussi complète en Egypte que dans n'importe quel autre pays et les perspectives de l'avenir ne laissent vraiment rien à désirer. » Ce mot de « vraiment » est sous sa plume un mot malencontreux. Entend-il la sécurité financière ou laquelle ? Il ne nous le dit pas ; mais demandons à M. Moseley ce qu'il en pensait l'année 1917, dans l'ouvrage auquel nous nous sommes déjà reportés plus d'une fois. « Une dame ne saurait s'aventurer le long du Wagh-el-Birket une fois la nuit tombée, il y a même danger pour un homme paisible, à en juger par les relations des échauffourées qu'il y a presque chaque semaine dans cette rue. Toute grande ville a ses repaires du vice, et ce serait trop demander au Caire que d'être une exception à cet égard. Mais il y a peu de villes qui étalent aussi bassement leurs côtés honteux. — Assurément, du moment que le vice doit être réglementé, les autorités devraient transporter ce repaire dans le quartier où le vice est patenté. On ne voit pas pour quelles raison dans une rue comme le Wagh-el-Birket, avec ses dangers qui sont au su de tous, on tolérerait qu'on fasse insulte au nouvel-arrivé sans défiance et au paisible citoyen. Il faut faire quelque chose. On est en train de réformer certains abus. Par exemple, d'après une lettre que je viens de recevoir du

Caire, il paraît que la police du Caire a fait une razzia de 165 jeunes gens de mœurs réprouvées... Mais c'est peu de chose en regard de ce qui reste à faire à l'activité de nos offi-ciels... s'ils veulent être à l'unisson des sentiments du public. Voyez ce qui en est de la dégradation dont on se plaint tant des cafés-concerts. Vous n'auriez su dans quel « local » mener une dame au Caire sans risquer de faire affront à ses senti-ments. Ce n'est pas qu'on ignore dans les cafés-concerts d'An-gleterre cette façon d'indécence voilée — ou pas voilée du tout — (un avis au lecteur pour l'Evêque de Londres) — mais il faut avouer qu'au Caire on savait aller un peu plus loin. Nous sommes pourtant maintenant en pleine possession du régime de l'Egypte, et il ne tient qu'à nous de nous débarrasser de cette espèce d'abject « continentalisme » cosmopolite. Mais le spectateur anglais est le premier à ne pas donner l'exemple.

On ne sait trop si l'Angleterre en favorisant la continua-tion de ces maux, se prêtait aux goûts d'une catégorie de touristes ou bien de résidents au « Pays du Paradoxe » ; de l'avis de tous, ce n'est pas satisfaire à ceux des indigènes qu'on les tolère, ni en tout ni en partie. L'Angleterre, à qui entre tous il appartient d'intervenir dans cette question, a esquivé dans leur entier les réformes morales. Lisez encore ce que M. Moseley a le courage de nous révéler. Il dit : « Durant un séjour de presque deux ans en Egypte, j'ai vu de mes yeux se commettre des scandales publics par des personnages dont la position publique devait à elle seule garantir de leur bonne conduite... Quelquefois, j'ai peine à le dire, les coupables étaient de nos militaires, et on avait ce spectacle du simple troupier contemplant du haut de la galerie les scènes fastidieuses et intolérables auxquelles se livraient ses chefs et instructeurs... Les gens dont je parle ne sortaient pas des couches inférieures de la société, en ce cas l'autorité en eût fait prompte justice. Non les gens qui se permettaient ces écarts étaient de ceux qui ne tombent guère sous la coupe de l'autorité.

Il mentionne ensuite les améliorations qu'il a constatées dans la « surveillance exercée sur les distractions privées des soldats », mais ajoute : « Néanmoins, on se serait attendu à ce que les hauts fonctionnaires et officiers gradés eussent cons-cience vaguement de la responsabilité qu'ils portaient tant qu'ils se trouvaient en Egypte...

Un autre grief légitime est celui qui a trait aux « esclaves blanches ». L'infamie de la « carte jaune » qui en Russie fait de femmes respectables des prostituées, elle existait en Egypte. Deux femmes faussement arrêtées pour vol, et relâchées furent informées qu'en se faisant enregistrer comme prostituées elles éviteraient d'être déportées — ceci au mépris des protestations indignées de ces femmes qui voulaient, disaient-elles, demeurer des honnêtes femmes qu'elles étaient.

Il se passait de nombreuses tragédies dans le Wagh-el-Birket si tristement reputé. De fait c'est le chancre au cœur du Caire. On a fait beaucoup depuis la dernière fois que j'y ai passé, mais ça a été trop longtemps une infamie. Une certaine catégorie de touristes ne vont au Caire que pour s'en donner de ces scènes dégoutantes... On ne peut s'empêcher de remarquer que, tandis que les sentines de vice et de débauche de l'Avenue de Boulac ou ont disparu ou ont été reléguées aux confins du Sharia Abbas, le Wagh-el-Birket continue à se pavaner dans sa hideur peinte et criarde au cœur de la ville. « Le parcours entier d'une longue rue, à moins de trois minutes de deux grands hôtels du Caire, est la scène où s'étale chaque nuit le vice fanfaron. »

M. Moseley, clôt son chapitre sur les « Sentines de l'Egypte», par une brève mention de certaines améliorations apportées par la loi aux théâtres et aux hôtels etc., avec la remarque « que c'était la première chose à faire, mais que l'autorité a *attendu d'y être forcée,* »

Après cela, il semble que nous serions bien avisés de nous enorgueillir moins des tardifs efforts que nous avons faits pour purifier les mœurs, s'il est vrai, comme on vient de le dire, que ces efforts découlent bien moins de notre propre initiative d'honnêtes gens, que de la pression du public outré.

L'auteur des lettres égyptiennes, ami anonyme de Monsieur J. M. Robertson, a tranché cette question de l'immoralité avec une franchise qui gagne les convictions. Il dit : « L'apathie et la négligence qui sont la note dominante de l'administration au Caire, sont encore mille fois pires dans les petites villes et les villages... Avec l'exemple décourageant d'Alexandrie sous les yeux, la demande d'une municipalité pour le Caire ne rencontre qu'un faible appui parmi le public, quoique les choses ne puissent guère empirer encore au-delà de ce que j'ai montré qu'elles sont. »

« Je ne puis clore cette lettre sans faire quelque allusion à cette purification morale dont la nécessité est si urgente au Caire et à Alexandrie, de même que dans les autres villes d'Egypte. Les turpitudes les plus dégradantes qu'il soit possible se donnent librement carrière dans cette ville, au grand jour. *Pour que vous ne disiez pas que j'outre les faits,* j'aurai recours au témoignage de quelqu'un que nul en Angleterre ne songera à récuser. L'Evêque Blyth caractérisait naguère la ville du Caire comme « le tombeau de l'âme ». Quelle meilleure corroboration de mes dires !... Il y aurait pourtant un remède à

portée pour peu que le gouvernement voulût en faire usage.
Il suffirait d'un décret émané du Khédive aux fins d'expropria-
tion pour utilité publique de certains quartiers notoires... et de
construire sur ces terrains des ateliers officiels (suit l'énumé-
ration d'institutions de bienfaisance, asiles, etc.) et des logements pour la classe industrielle. L'adoption de ce plan ferait
disparaître de chez nous les principaux foyers d'infection de
la dépravation humaine. Il est hors de doute, et en cela il a
cent fois raison, qu'il faut incriminer de cette dépravation avant
tout le système qui laisse « d'indésirables Lévantins et la lie
d'Athènes et de Rome » arriver en Egypte par grandes bandes.
Comme on peut s'y attendre, cette vermine humaine apporte
avec elle des exhalaisons pestilentielles de quoi contaminer et
souiller toute la pure atmosphère que baigne le soleil d'Egypte.
D'autre part, le peu, qu'a fait l'Angleterre, la Puissance occupante
— et maintenant protectrice — pour enrayer ce flot d'influences putréfiantes, ou nettoyer les étables d'Augias des immon-
dices morales, ou ne le conçoit que trop à la lecture de tout
ce que nous avons écrit et cité en extrait plus haut. Le Jour
Saint entre tous de l'année chrétienne est devenu d'un coup
la journée sanglante des excès hideux des chrétiens d'Australie,
aux yeux même du peuple que nous prétendons tenir et osons
tenir sous notre bénévole tutelle, et qui consiste en très grande
partie de croyants Musulmans. Que voilà un bel exemple de
moralité et d'observation de la religion à mettre sous les yeux
des mêmes Musulmanes à qui l'on lance l'insulte de « concu-
bines ».

M. Moseley mettant en regard le fonctionnaire égyptien
et le britannique, fait le portrait de ce dernier qui « garde l'attitude de John Bull dominateur, qu'il doit à la conquête »,
tandis que « l'Egyptien franchit une période de transition dans
laquelle il n'a pas encore dépouillé les traits peu attrayants
voire malsains qu'il tient du passé. » Il ajoute : « Une race de
sujets émancipés ne peut jamais prétendre du même coup à
cette attitude franche, ouverte, mâle, que donne la liberté et
l'intrépidité. Le bureaucrate britannique est, pour dire le moins,
peu aimé de l'administré britannique, à plus forte raison il ne
se fait guère aimer de son subalterne égyptien ». Certainement
une confession ouverte ne fait que du bien à l'âme ; mais
nous ignorons que les Egyptiens d'aujourd'hui fussent d'une
race *libérée* ou légitimement « sujette » de la Grande-Bretagne.
Dans tout les cas, de tout ce que nous avons ou écrit ou lu
sur ce chapitre, il n'y a pas un mot à l'appui de cette thèse
que l'Anglais, en qualité officielle ou non, aurait fait quoique
ce soit, sous le rapport moral, pour se rendre cher à l'Egyptien
de quelque classe ou de quelque profession que ce soit. A pro-

pos de quoi, un avis que donne comme en passant M. Moseley aux Anglais d'Egypte, n'est pas fait pour nous déplaire, bien qu'il soit d'une lecture peut-être un peu pénible aux hautains personnages qui le reçoivent ; il pourra même flatter les Egyptiens qui, en dépit des mauvais exemples et de l'abandon moral dans lequel on les tient, s'y voient décrits en des termes qui nous donnent à penser, et que voici : « Les Egyptiens qui deviennent hommes faits maintenant, plus affinés que les Turcs, plus occidentalisés, sont quoiqu'il en soit des gens qu'il vaut la peine de rechercher, et il serait temps que quelques-uns parmi les Anglais d'Egypte se missent à cultiver leur société. »

La place nous manque pour exposer ici les diverses phases de notre attitude vis-à-vis de la foi musulmane en Egypte, ainsi que de l'œuvre, si douteuse quant aux résultats bienfaisants des missions chrétiennes, américaines ou anglaises, dans ce pays ; sinon, nous pourrions dire bien des choses qui feraient sursauter le lecteur. Il connait peut-être déjà l'anecdote du chef Maori de la Nouvelle-Zélande qui assurait que « les missionnaires viennent nous convertir en nous apprenant à regarder en haut au même moment qu'ils nous retirent le terrain de dessous les pieds. « Dans la version de l'ouest africain il y a cette variante: « ils nous font notre montre. » Sans aller tout à fait aussi loin en Egypte que cela y va au Soudan ou allait en Nouvelle-Zélande — pour raisons qui s'entendent — cela s'y pratique, en théorie et dans l'application, et cela est à blâmer. Et le côté réellement grave de la question des missions chrétiennes, où du reste les Américains sont plus en faute que leurs collègues anglais, c'est l'immixtion dans les affaires politiques, où il s'agit surtout de raviver l'antagonisme de la communauté Copte contre les Musulmans qui forment la vaste majorité de la population.

Quand, au début de 1911, les frottements religieux étaient au comble, on y retrouvait partout les missions américaines ; à elles, en droite ligne, remontent plusieurs troubles graves qui éclatèrent entre les sectateurs des deux principales croyances de l'Egypte et qui faillirent avoir des conséquences internationales. Au moment le plus critique, Sir Eldon Gorst, agent britannique au Caire, fit une tournée officielle d'enquête dans certaines parties des provinces. Il en est question dans l'ouvrage de Kyriakos Mikhail, intitulé « Coptes et Musulmans sous le régime anglais en Egypte », paru à Londres en 1911. L'auteur dit : « Le 26 janvier 1911 on expédia un télégramme à Londres, par le canal de l'Agence Reuter, pour ridiculiser les réclamations des Coptes et dénaturer la portée de leurs demandes, au moyen d'un paragraphe inséré qui pouvait faire croire qu'ils n'avaient aucun sujet de se plaindre et travaillaient cependant au démembrement ». Voici la teneur de ce télégramme : « Sir Eldon Gorst a visité les provinces où les Coptes sont principalement établis et s'est livré à une enquête minutieuse sur leurs doléances, mais il a dû se convaincre que, en-dehors du Caire, il n'y a pas matière à plaintes fondées ». Comme il le déclare, Musulmans et Coptes vivent pour la plupart paisiblement les uns à côté des autres, pour peu qu'on les laisse faire, et ce serait le pire service à rendre aux Coptes que de les traiter en communauté distincte. Sir Eldon Gorst a reconnu que les intérêts politiques de l'éducation des Coptes étaient pris en due considération par tous les Conseillers provinciaux. » Ce télégramme provoqua de l'agitation parmi les Coptes et les journaux influents reçurent des protestations par le câble. La plupart des journaux les reproduisirent et le «Times» du 7 février 1911 les résuma comme suit : «Nous avons été fort surpris du télégramme Reuter donnant en résumé l'opinion de Sir Eldon Gorst après sa tournée dans la Haute-Egypte. Il nous est très difficile de croire que le libellé de ce télégramme contienne exactement l'opinion réfléchie de l'Agence britannique. Sir Eldon Gorst a passé quelques heures à chacun des endroits qu'il a touchés, et l'on se demande comment il a pu mener à chef une enquête de fond sur une question aussi complexe que celle du sort fait aux Coptes par les Conseils provinciaux au regard de leurs intérêts éducatifs. La plupart des Coptes de la Haute-Egypte, qui constituent la majorité des Coptes, se plaignaient depuis longtemps et se plaignent encore de l'injustice dont ces Conseils font preuve à leur égard, injustice qu'on pourrait démontrer par une simple lecture des protocoles de ces Conseils. Prenons un exemple : dans la province d'Assiout les Coptes paient environ le 32 % des impôts, mais on les réduit à recourir à l'éducation privée... » L'article conclut en adressant un appel ardent au peuple anglais dont les Coptes attendent qu'il fera droit à leurs justes demandes.

Les principaux points à relever dans ce télégramme sont : 1° que Sir Eldon Gorst est dit avoir examiné à fond certaines doléances (ce dont on doute dans l'articledu « Times », et nous y reviendrons tout à l'heure); 2° que Musulmans et Coptes vivent en général en paix les uns à côté des autres *pour peu qu'on les laisse faire ;* 3° que les Conseils provinciaux en agissaient honnêtement avec les Coptes.

Or, nous avons à dire là-dessus, que nous pouvons certifier sur le témoignage le plus autorisé, que Sir Eldon Gorst n'a pas fait l'ombre d'une « enquête à fond » pendant sa tournée et quant au télégramme qui contenait « l'opinion réfléchie » de l'Agence britannique, nous sommes en mesure d'affirmer qu'il a été rédigé de la main propre de Sir Eldon Gorst qui le remit en personne à l'agent de Reuter, au Caire.

En fait, Sir Eldon Gorst en savait, sur le cerveau des indigènes, autant qu'un homme d'Egypte, et dans cette conjoncture il sut mettre à profit ce qu'il savait et ce que lui fournissait son expérience pour se tirer d'une situation épineuse. Il était au courant des rites de l'hospitalité orientale et savait combien il répugne aux sentiments d'un maître de maison égyptien de fatiguer son hôte de questions à peine qu'il est arrivé sous son toit ; il remet les discussions pénibles à un autre moment, quand l'hôte se sera reposé du voyage et aura pris quelques rafraîchissements. Sir Eldon Gorst calcula ses heures d'arrivée aux endroits où il savait que sa diplomatie serait le plus en peine, et où c'était plus hérissé de griefs retentissants et de doléances ennuyeuses, de telle sorte qu'il n'était pas question de les aborder ce jour-là. De la sorte, après due observation des formalités à remplir pour la réception officielle d'un auguste personnage tel que l'Agent et Consul Général de S. M. Britannique et après avoir accompli, comme de juste, les préliminaires du programme officiel, consistant dans la présentation des notables de l'endroit, indigènes ou autres, Sir Eldon Gorst posait de but en blanc une question à la communauté, conçue à peu près comme suit : « Très bien, vous avez tous excellente mine et semblez très à l'aise, grâces soient rendues à Allah ! »

Sur quoi les notables, ravis de l'amabilité de leur auguste visiteur, se courbaient très bas et répliquaient avec humilité : « C'est vrai, ô Très-Grand ; Allah soit loué pour sa bonté et pour le souci bienveillant que vous avez de notre bien-être. Nous sommes assurément en bonne santé, et heureux, et prospères, et nous mettons à tes pieds avec gratitude tout ce qui est à nous » ; ce qui, naturellement, n'était que pour la forme, de pures expressions orientales pour donner plus d'ampleur à la formalité de la bienvenue et de l'hospitalité. Alors l'Agent britannique, avec le plus de désinvolture possible, balançait à leurs yeux l'appât soigneusement confectionné en ces termes : « C'est un grand bonheur pour moi d'apprendre cela de votre bouche. Allah est bon et compatissant. Tout va bien chez vous ; vous êtes tous en paix les uns avec les autres, contents de votre sort ; je conclus qu'il n'existe ici aucun sujet de plainte, aucune discorde ? »

Ahuris à cette idée, mais déterminés à ne se laisser détourner par rien au monde de leur intention arrêtée de prodiguer à leur hôte auguste une hospitalité irréprochable, telle qu'ils la comprenaient ; et d'autant plus résolus dans leur for

intime — à la manière de tous les orientaux du monde —
à ne pas le ménager le lendemain et à lui servir un
rapport circonstancié sur toutes les doléances imaginables
(car si ce n'était pas pour y remédier, à quoi cette visite ser-
virait-elle ?) les notables se récriaient : « Comment peut-il
entrer dans notre esprit de t'ennuyer de nos plaintes, ô Toi
qui es puissant, quand tu as eu cette bonté pour nous de nous
honorer de ta visite. Heureux et contents, nous le sommes, et
en paix les uns avec les autres, par la grâce d'Allah ! »

« A merveille ! Alors, s'il n'y a rien à arranger pour vous
et si vous êtes contents et paisibles, je ne vous impose pas ma
présence plus longtemps ; les moments sont courts et j'ai bien
d'autres endroits à visiter. Adieu ! La paix d'Allah soit sur vous
et sur votre charmant village et qu'Il vous maintienne prospères
et contents à toujours ! » Il n'avait pas fini de parler qu'il
était déjà loin, et derrière lui les notables et fonctionnaires
d'attacher leurs regards sur les flots de poussière que soule-
vaient les roues de son char.

Ceci n'est pas un conte ; nul n'en ignore au Caire parmi
un large cercle d'Anglais qui étaient bien placés pour apprendre
ces détails de la bouche même des indigènes qui étaient en
cause et des membres de l'escorte de Sir Eldon Gorst. C'était
pour eux une bonne farce. Ville après ville, village après
village, on recommençait ; si bien qu'au bout de peu de jours
— il y faudrait de vrai des semaines de travail acharné et encore
n'aurait-on pas vu la fin de « l'enquête approfondie » de ces
questions qui étaient brûlantes pour le quart d'heure — au
bout de peu de jours l'Agent britannique revint au Caire et
dépêcha, par le canal de Reuter, le télégramme qui devait
faire vacarme d'un bout à l'autre de l'Egypte, sans parler des
critiques amères qui lui plurent dessus et des discussions à
n'en pas finir.

On peut se faire par là une juste idée de l'exactitude et
de l'honnêteté de notre administration en Egypte.

Un mot encore, avant de fermer ce chapitre, des perfec-
tions de notre administration. Il s'agit de la condition morale
du Caire sous le régime britannique. Cela suffira et nous lais-
serons là un sujet sur lequel nous nous sommes étendus bien
à contre-cœur et qui ne soulève pas moins de dégoût et de
répugnances chez nos lecteurs.

M. Moseley, dans son livre « Avec Kitchener au Caire »
mentionne le nombre incroyable des médecins ou prétendus
tels et des sage-femmes en Egypte ; un docteur bien connu les
chiffre, pour le Caire seul, à cinq cents, c'est-à-dire vu qu'à peine
un tiers de la population peut payer des honoraires convena-

bles, environ un médecin pour sept cents habitants. « Les atrocités » dit ce docteur, que ces charlatans commettent sur les ignares fellahs, sont pour ainsi dire inconcevables...

Un gradué de rang inférieur et avec le plus pauvre bagage scientifique d'une école de médecine américaine serait encore infiniment plus à estimer que ces praticiens indigènes absolument ignares Et au moins il n'y aurait qu'un petit nombre de ces gradués, tandis que les docteurs du pays sans instruction ni patente sont légion ».

A la fin, dit M. Moseley, un écho parvint jusqu'à Londres et le journal hebdomadaire le « John Bull » adressa une lettre ouverte à Lord Kitchener. En voici la teneur : « Excellence, je trouve dans l'*Egyptian Mail*, journal officieux, un article où sont portées les plus graves accusations contre les médecins d'Egypte. En deux mots, il paraît que l'écume de la profession dans tous les pays d'Europe, reflue en Egypte, et que, n'y ayant pas le contrôle officiel de la pratique des accouchements, il en résulte que l'on se livre à des pratiques criminelles sans beaucoup se gêner, ce qui expose la population à des dangers qui, ce n'est pas trop dire, donnent à réfléchir à quiconque attache un certain prix à sa vie. Et comme la résidence officielle de votre Seigneurie est au Caire, vous n'auriez aucune difficulté à faire un choix parmi ces accusations ; vous commenceriez seulement votre enquête par les maisons et les bureaux dont les plaques et les écriteaux sont par eux-mêmes une présomption que les praticiens qui s'y nomment exercent un métier aussi vil qu'il est atroce, *dans l'idée que c'est une industrie comme une autre qui jouit de la protection de l'empire britannique* ».

Pour autant que je sache, conclut M. Moseley, « le seul qui prit des mesures immédiates fut le Consul américain. »

Voici en peu de mots les principales allégations de M. Moseley. Il s'agit de l'année 1913, celle d'avant la guerre : « Bien des gens auront un sursaut en apprenant qu'il n'y avait pas de contrôle officiel, dans ce pays, sur la pratique de la médecine, ni des accouchements, et que, de ce chef, les manœuvres criminelles se pratiquaient plus ou moins ouvertement...

M. Moseley estimait qu'il faillirait à son devoir, si, malgré que le sujet fût de nature délicate, il hésitait à faire la lumière sur un état de chose qui était vraiment terrifiant, et qui nécessitait « des investigations immédiates de la part des autorités, non-seulement dans l'intérêt des classes pauvres, mais pour le bon renom du pays. » « On sait des sages-femmes », dit-il, « qui se sont vantées des fortunes qu'elles avaient acquises dans ce pays par des pratiques illégales. Les choses sont telles que n'importe quel pays d'Europe peut expédier le rebut de son corps médical — sages-femmes ou docteurs — en Egypte, et que là, sur le vu d'un diplôme qui souvent ne vaut pas le papier dont il est fait, les autorités sanitaires s'empressent de leur octroyer un certificat pour pratiquer « leur art... » On sait le cas d'un individu qui s'était muni des diplômes d'un docteur défunt... Il obtint le certificat requis et fit ses débuts de praticien comme l'aurait fait le médecin le plus en règle devant la Faculté. Il faut se mettre à ce point de vue, qu'il y avait là un état de choses à ne pas tolérer dans n'importe quel pays du monde.

Non-seulement c'était une honte pour le régime britannique en Egypte, mais peut-être même pour la profession médicale et la civilisation en elles-mêmes « grosso modo ». La condamnation est sévère.

« J'aime à croire que les nombreux médecins qui jouissent d'une haute réputation en Egypte sont d'accord avec moi pour pousser à cette réforme », dit-il encore, après avoir demandé qu'on se mette à l'œuvre, « non-seulement du point de vue du bon renom de leur profession et de leurs intérêts, mais aussi en vue d'abolir les pratiques immorales et criminelles qui se donnent libre cours tant qu'on a le système actuel de donner des certificats à bien plaire, et qu'aucun contrôle n'est exercé sur les praticiens... Le nombre des cas « d'homicides légaux » cesserait d'être ce qu'il est maintenant. Il suffit d'un tour dans les rues du Caire, en examinant les plaques et les écriteaux qui y attirent l'œil, pour se faire une idée de l'impudence et et de la liberté d'allures de ces charlatans qui prospèrent par l'immoralité qu'ils encouragent. » Un docteur écrivait, entre autres choses, ceci à M. Moseley : « Vous n'avez rien exagéré, bien au contraire, car malheureusement, il ne serait pas difficile de citer des exemples d'une certaine classe de docteurs et de sage-femmes de ce pays, chez lesquels les pratiques dangereuses constituent la routine simplement. Mais l'attitude de nos autorités, en face de ces actes illégaux et criminels, c'est l'inaction pure et simple... C'est simplement un outrage à la société que de tolérer une telle recrudescence de ces actes criminels et dégradants... »

Un autre docteur tenait à exprimer sa conviction qu'il n'y a aucun autre pays du monde « où le charlatanisme fleurisse comme parmi les fellahs à proportion de la population. Quatre-vingt-dix-neuf pour cent (si ce n'est plus) de ces praticiens tarés, sont sujets Egyptiens ou Ottomans et ne sont à l'abri d'aucune capitulation, cependant ils vont leur train pendant des années sans être molestés. Beaucoup d'entre eux sont ambulants, d'autres ont des points fixes où ils résident et pratiquent et qui sont bien connus des fonctionnaires aussi bien que du peuple. »

Cependant rien n'a été fait pour remédier ! M. Willmore est muet sur cette question tout en vantant les progrès accomplis sous la tutelle britannique, dans son chapitre sur « l'hygiène publique, » comme il l'est sur les autres faits que nous avons mentionnés et qui touchent de si près la santé publique, à la fois morale et physique, en Egypte.

Et s'il était besoin de nous justifier de nos fréquentes références au livre de M. Moseley « Avec Kitchener au Caire », nous le ferions en arguant du fait, non-seulement qu'il est au courant de ce qu'il y a de plus récent, mais qu'il est dédié *avec permission* au Très Honorable Comte Cromer, G. C. B.; O. M,, G. C. M., G. K. C. S. I., C. I. E., le créateur de l'Egypte moderne. »

CHAPITRE VI

Finances et travaux publics.

L'auteur de l'ouvrage « Das moderne Pharaonenland » a cherché à faire un peu de lumière sur les finances de l'Egypte, et a dit qu'il n'y a pas de calomnie plus grande que de dire qu'en mettant de l'ordre dans les affaires d'Egypte, en prenant le contre-pied de ce qui était sous le régime d'Ismaïl, en faisant la lumière là où régnaient les ténèbres, les Anglais n'ont songé qu'à eux-mêmes et qu'ils ont sacrifié les intérêts des autres à leurs intérêts à eux. « Nous ne prétendons pas d'ailleurs que l'Angleterre ne se soucie pas de ses intérêts. Nous disons simplement qu'elle a su les identifier avec ceux du pays et qu'elle a une égale sollicitude pour tous les éléments de la population. Quand elle a converti le déficit du budget en un excédant de recettes, elle a immédiatement songé à une réduction des impôts et des taxes. »

A notre regret, nous ne savons pas voir la lumière dont il parle, mais nous espérons voir une chose, c'est que ses assertions ne tiendront pas sous la lumière que nous voulons, nous,

jeter sur elles. Il est généralement admis que le principal intérêt qu'a un Européen en Egypte, peu importe sa nationalité,
c'est l'intérêt financier. Tout Européen emporte d'Egypte plus
qu'il n'y a déboursé. Il y est pour son profit à lui, pas
pour celui de sa santé ou du pays. Tout étranger au gouvernement songe bien plus à son avantage propre qu'à tout
avantage qu'il pourrait procurer au pays. On peut le dire en
toute vérité, en fait bien peu d'Anglais en Egypte connaissent
et se soucient grand chose de ce pays non plus que de ses besoins ; entre eux et les indigènes il n'y a pas de sympathie
éprouvée et très peu d'entente des esprits. Il s'en suit que
c'est sous le côté égoïste que le natif voit l'Anglais et qu'il n'est
pas question pour lui, pour autant qu'il sait voir et juger, de
le considérer autrement que comme une acquisition dont le
pays des Pharaons aurait bien pu se passer. C'est surtout en
matière de finance que c'est vrai, comme nous allons le montrer. Que le régime anglais ait déblayé le désordre qui régnait
dans les finances, qu'il ait jusqu'à un certain point même remis le pays debout, d'accord, mais encore y a-t-il un côté de
la question qui s'accommodera difficilement de notre jugement
impartial, c'est quand nous rechercherons si cette réorganisa-
tion des finances a été tout-à-fait aussi désintéressée que nous
voudrions le faire croire. Parlons français, l'Angleterre a-t-elle
songé uniquement à l'Egypte et au progrès de l'Egypte, en tant
que dé l'Etat qui sous sa tutelle s'acheminait à la liberté et à l'autonomie, dont il devait par nos soins faire l'apprentissage, de
telle façon que, le jour de l'évacuation du pays arrivé, nous
puissions dire, la main sur le cœur, et à la face du monde :
« Nous avons mis dans un tel ordre les finances de l'Egypte,
que les Egyptiens peuvent d'eux-mêmes, sans notre assistance,
en faire le contrôle. » Ou bien avons-nous jonglé avec ces
finances de façon à rendre impossible qu'on s'y reconnaisse,
ni qu'elles puissent s'affranchir du contrôle britannique.? En
d'autres termes, n'avons-nous pas tenu les yeux fixés sur le
jour, qu'il nous semblait déjà voir poindre, où la vallée du Nil
deviendrait elle aussi une des « dominions » de l'Empire britannique? A parler impartialement, il faut convenir qu'il y a
de fortes présomptions en faveur d'une réponse affirmative à
cette dernière question.

C'est assurément une grave accusation que nous portons
contre le gouvernement britannique, quand nous disons qu'il
n'a eu en vue que son intérêt égoïste et de nous aménager
une nouvelle possession aux dépens de ses légitimes propriétaires ; mais en le faisant nous nous étayons de l'opinion
égyptienne aussi bien que l'opinion britannique. Par conséquent nous n'éprouvons aucune hésitation à le faire. M. Mose-

ley, discutant la question de l'avenir politique de l'Egypte, adopte une attitude qui est toute conforme à notre thèse. Il dit : « Il semble que le gouvernement de la Grande-Bretagne doit être embarrassé d'expliquer comment il concilie sa politique de tradition avec sa nouvelle politique d'annexion.

Laissons-le s'en tirer, et prenons les faits tels qu'ils sont et la situation telle qu'elle est. Il y a eu des promesses faites *en toute sincérité* il y a dix, vingt ou trente ans et qu'il était facile de tenir si l'on avait laissé libre cours au développement naturel de l'Egypte, si elle avait évolué. Au lieu de cela, elle a été révolutionnée de fond en comble par la personnalité extraordinaire qu'était Lord Cromer. Elle s'est gorgée d'idées occidentales et *en a tiré sa croissance. Elle devint si anglicisée, que l'Angleterre lui fut dès lors indispensable pour se développer, tout comme d'autre part l'Egypte devint indispensable à l'Empire britannique.* » (C'est nous qui avons souligné, parce que l'envie en était irrésistible.)

Après la confession que nous fait là M. Moseley, nous pourrions nous dispenser d'argumenter davantage. La « sincérité » ne fera pas de doute, pour le lecteur impartial qui se souvient d'avoir lu dans le même ouvrage à quel point étaient solennelles les promesses que nous avions faites d'évacuer l'Egypte *aussitôt que l'ordre y serait rétabli et les finances arrangées.* Ce développement du pays, nous criait-on, est trop insensible pour qu'on puisse escompter le jour où l'occupation pourra prendre fin. On nous le répétait sur tous les tons. Or, voici le témoignage que rend la plume d'un Anglais qui a été se renseigner sur les lieux, qui a voulu pénétrer le dessous des choses, comme il a soin de nous en avertir tout le long de son ouvrage « Avec Kitchener au Caire » ; qui dans ce dessein a interviewé des personnes en charge, dont le haut rang les mettait en mesure de se prononcer en toute connaissance de cause sur la politique qui sera celle de l'Egypte ; qui a eu des relations sincères avec des compatriotes qui avaient toutes les couleurs d'opinions et de sentiments ; ce témoignage, c'est que la politique vraie mais inavouée de l'Angleterre en Egypte était de tendre à l'annexion, et qu'on l'étaie sur cette assertion que les Egyptiens se sont anglicisés si rapidement et ont si bien prospéré par cette absorption de culture occidentale que les deux pays ou les deux races sont indispensables désormais l'un à l'autre.

En particulier par rapport à l'Angleterre, l'Egypte est un objet indispensable, comme les souris sont indispensables au chat. Nous ne voulons pas traîner sur une assertion qui est frivole et qui est une simple hypocrisie. Nous nous faisons fort d'avancer que pas un Egyptien qui aime son pays, et on les compte par millions, ne soutiendra pareille chose, au cas même où il la prendrait au sérieux. Ce n'est pas sans intérêt, toutefois, de trouver cette idée sous la plume d'un homme qui écrit de son expérience et qui est sérieux.

Cela confirme ce que nous avons toujours dit des motifs réels qui font agir l'Angleterre et qui l'ont faite agir jusqu'ici, pour arranger les finances de l'Egypte, et qui, il faut bien le répéter, ne consistent que dans l'acquisition à venir de ce pays par nous autres. S'il n'en était pas ainsi, nous aurions fait plusieurs entreprises de nature à améliorer par degrés la condition du peuple ; nous aurions dirigé autrement plusieurs des grands travaux publics ; il y aurait eu de plus grandes économies faites ; on aurait moins courtisé les touristes, moins laissé pulluler les parasites qui grâce à une administration financière complaisante, se sentent si bien à l'abri de son égide, qui tient du génie ; en un mot, le budget se présenterait à nous tout différemment, avec infiniment moins de dépenses pour des choses qui, de près ou de loin, n'ont pas apporté le moindre avantage aux natifs de l'Egypte. En revanche nous nous serions, par une autre conduite, gagné le respect et la reconaissance des Egyptiens, que nous sommes à l'heure qu'il est bien éloignés d'avoir.

La première chose que fit Lord Kitchener en Egypte, fut de se lancer tête baissée dans l'administration des finances, et d'en troubler tout l'équilibre, la routine, les plans, les entreprises et les obligations. Il expédia du pays des gens qui s'étaient adonnés pendant des années à l'étude des conditions où il se trouve ; du même coup il s'entoura d'autres gens qui encouragaient ses ambitions, étant eux-mêmes faits pour servir. C'était la façon de Kitchener ; reste à savoir si elle a eu de bons résultats, ou si seulement elle était honnête. Il était par nature absolument un homme et du tout un demi-dieu. On peut le soupçonner de s'être entendu très peu aux finances, et il n'y a pas lieu de s'étonner si les critiques les plus âpres fondirent sur lui comme la grêle et s'il se fit condamner sur quantité de points au bout de peu de semaines qu'il était Consul général de Grande-Bretagne en Egypte. Peu lui importait, il fit sa besogne comme il l'entendait, avec un portefeuille qu'il avait apporté d'Angleterre garni de projets, faisables ou infaisables, et entreprit de les exécuter sans se soucier de considérations d'argent ou de bouleverser des arrangements déjà pris et aussi de causer du retard à des choses qui étaient plus pressantes et qui importaient plus.

Ainsi nous voyons qu'il consacra de grandes sommes, si utiles ailleurs, à faire des routes dont il n'y avait pas la nécessité. Il démolit des maisons et des rues entières et créa des passages aux dépens d'ouvrages qui étaient bien plus urgents, parce que le bénéfice qui en revenait aux Européens pesait infiniment plus dans son esprit que celui des natifs. Il accrut les dépenses publiques et se livra à des virements de fonds que l'on ne s'est pas gêné de gratifier d'extrêmement osés. Voici un exemple qui donnera une note caractéristique des méthodes qu'il suivait en cela, et que nous empruntons encore à M. Moseley, qui en parle sur la foi d'une interview avec (feu) Gaston Maspéro, le Directeur général des Antiquités.

« Lord Kitchener » lui dit M. Maspéro, « s'était attaqué à toutes les branches de l'administration avec l'entrain d'un militaire et il n'y avait rien de plus pénible pour lui que de devoir déférer aux observations de ceux qui rendaient pleine justice à son zèle de réformes, mais contestaient avec lui sur les moyens.

Par exemple, tenez son projet d'ériger la statue de Ramsès-le-Grand sur le square Bab-el-Hadib, projet auquel je me suis opposé. Je lui fis voir en détail avec quelles difficultés on transporterait cet énorme morceau de Badrashin au Square, sans parler des frais. Il y en aurait pour au moins deux cent cinquante mille francs qui, à mon sens, pouvaient être bien mieux employés à des fouilles, vu que le crédit qu'on nous alloue chaque année, trente mille L. E. pour les dépenses quelconques du Musée, est insuffisant. Lord Kitchener a bien semblé se ranger à mon avis, mais je sais pertinemment qu'il se propose d'organiser une souscription publique en Angleterre, afin de pouvoir exécuter son projet. »

Au cours de la conversation, M. Maspéro fit entendre qu'il avait toujours beaucoup de peine à obtenir des fonds pour son département. Depuis 15 ans qu'il était à ce service, son bugdet à l'origine de quinze mille L. E., avait seulement monté au double de cette somme. Le fait n'en reste pas moins acquis à la chronique, que Lord Kitchener a eu un jour sérieusement l'idée d'affecter le tiers du budjet ou des trente mille L. E. des Antiquités, à un projet qui avait tout au plus une valeur ornementale, au même moment qu'on jetait au rebut des matières bien plus importantes. C'est pourtant Lord Kitchener le premier Agent britannique qui a tiré le fellah de l'abject prête-deniers grec; qui conseillait aux natifs d'une certaine province d'Egypte, « d'éviter les prodigalités auxquelles ils semblent pencher tellement », et ajoutait qu'il vaudrait bien mieux «payer leurs dettes que d'écouler toutes leurs économies à des cérérémonies coûteuses, comme sont, par exemple, les fêtes des noces. » « Car, » disait-il, « si les Egyptiens se préoccupaient plus de payer leurs dettes que des moyens d'en faire de nouvelles, ils mériteraient d'être heureux. »

Ces deux différents portraits de Kitchner en imposent-ils au lecteur par leur côte-à-côte ?

Cette discussion à propos de la statue de Ramsés II et la façon dont le Directeur-Général s'opposa à ce qu'on la transportât au Caire, nous remettent en mémoire un passage du pamphlet de M. Willmore où il signale la « réfection des toitures du Musée Egyptien » comme un des gestes les plus beaux de l'administration en l'an 1913. M. Willmore est sans doute dans l'ignorance sur ce point : ce toit, ou disons les deniers qu'on y a gaspillés, c'est la « gaffe » qui a valu le plus de critique au Département des Antiquités. L'auteur de ces lignes causant il y a quelques années avec M. Maspéro, se permit de lui demander pour quelle raison l'on avait restauré en partie le toit du Musée et refait d'autres parties entièrement à neuf. Ce qui donnait lieu à cette question, c'étaient les échafaudages extrêmement coûteux, et imposants par leurs masses, qu'on avait dû dresser pour ces travaux à l'intérieur comme à l'extérieur du bâtiment. Avec un geste d'ennui M. Maspéro fit entendre en quelques mots que ceux à qui l'on devait l'érection du toit primitif, avaient fait de sérieuses fautes de calcul, de sorte qu'on s'était vu forcé de le reconstruire. Et comme tant la restauration que la réfection à neuf ont duré plusieurs années et ont fini par coûter bien des fois ce qu'un toit bien conditionné la première fois aurait coûté, il n'y a vraiment pas de quoi être glorieux. Le Musée est admirable, certes, et n'en est pas moins une épine dans l'œil des Egyptiens du terroir ; car, si l'on ne peut lui dénier les trésors archéologiques qui font sa gloire et qui charment les Européens et quelques Egyptiens éclairés, la population ne voit pas tout-à-fait du même œil que les autorités ce qu'on fait de l'argent dont elle aurait tant besoin et qu'on dépense pour ce qui est pour elle chose de luxe. L'ami Egyptien de M. J. M. Robertson ne nous laisse pas dans le doute à ce sujet. Il écrit :

« Tant que les premiers besoins du peuple sont traités avec la plus honteuse incurie, on peut bien se demander s'il est raisonnable et si c'est sagement manier l'argent que de le dépenser si largement pour le luxe et les dehors attrayants d'une capitale connue par les touristes. Musées, jardins zoologiques, tout cela est très bien en son genre, mais cela n'empêche qu'un simulacre en syénite d'un Pharaon des temps jadis ne doit pas au préjudice des hommes et des femmes qui respirent actuellement, recevoir l'hospitalité dans un palais. Des momies et des papyrus vous les logez dans un palais, et des hommes vivants vous les laissez à l'injure du temps. Vrai, il serait plus dans l'ordre de faire passer ces intéressantes reliques au second rang de vos préoccupations. Nous avons maintenant en Egypte des Musées d'art arabe, d'égyptologie ; au Caire il y a des jardins zoologiques où, dimanche après dimanche tout ce qui a un rang et se croit quelque chose prend ses grands airs devant la maison où le lion prend les siens, maison qui a coûté L. E. 4 mille, et des milliers de pauvres diables qui n'ont qu'à traîner leur boulet dans ces courses de la vie et que la nécessité opprime sans répit... l'argent, l'argent, nous dit-on. Il n'y a pas d'argent pour s'attaquer résolument au problème des logements et du même coup à celui de la mortalité excessive, — ici notre Egyptien fait allusion à la terrible mortalité infantile, depuis longtemps une des questions les plus angoissantes pour l'Egypte, mais qui a été fort négligée, à en juger par les résultats, puisqu'elle est en croissance — mais il y a de l'argent sonnant pour gaver la populace attifée de ses amusements du dimanche. » Le Très Honorable M. Robertson dit, lui aussi : « On allègue le manque de fonds pour s'excuser de négliger et l'hygiène et l'éducation du peuple, mais on a de fortes sommes à dépenser dans toutes espèces d'établissements et d'attirances qui n'en appellent qu'aux sens et à l'esprit des résidents et des visiteurs européens cultivés et passent loin par dessus la tête de la grande masse du peuple. » Il ajoute encore ceci : « En Egypte comme ailleurs, que la prospérité soit ce que vous voudrez, il y a beaucoup de misère en haillons. »

Donc, quand le peuple égyptien demande du pain et une éducation, on lui donne une pierre, une image de pierre, « le simulacre en syénite d'un Pharaon des temps jadis, » d'un monarque dont il ne sait rien du tout, et se soucie encore moins ; une statue qui gisait depuis des milliers d'années sous le sable du désert, quand on l'a nettoyée, en partie du moins, de ce que les âges y avaient accumulé, et dont le transport au Caire coûterait 250,000 francs. Là, elle ne servirait de rien aux natifs, mais ce serait une merveille pour les yeux effarés des étrangers, des touristes, des trotte-globes à bourse garnie et autres dépenseurs. M. Willmore nous dit, à l'occasion de tout ce que l'Angleterre a fait de bon pour l'Egypte : « Elle a attiré en Egypte un flot nombreux de touristes qui apportent leur argent et indirectement contribuent à augmenter le bien-être des classes inférieures de la population indigène. En fait, la misère si répandue jadis, est sur le point de disparaître complètement ». Pour le dernier point, on est surpris que quelqu'un qui connaît le pays comme il le connaît, puisse avancer sincèrement et hardiment une chose aussi controuvée. La pauvreté y grouille, et on ne la verra disparaître que quand on aura pris d'efficaces mesures pour améliorer les logements, l'hygiène en général. Il y a certes de grandes difficultés à surmonter, mais on ne peut même pas prétendre qu'on ait seulement essayé de mettre la main à l'œuvre ; ce serait faire affront à la vérité. Quant au bénéfice que le touriste apporte au natif, directement ou indirectement, nous le contestons absolument. Abstraction faite de la classe obséquieuse et ennuyante des drogmans, pour la plupart le produit répugnant qui est issu de la demande du touriste, dont il satisfait les appétits, quitte en retour à le tondre de près pour ces services et d'autres encore qu'il lui rend — après quoi il se retire, loin des regards du public, au fond de son village natal maintenant souillé, pour y vivre de l'oisiveté jusqu'à ce que revienne la « saison » — un parasite qui ne fait rien qui justifie son droit d'exister sur cette planète — abstraction faite, disons-nous, de cet individu et de ses congénères, le natif égyptien ne retire pas le moindre bénéfice des touristes. Naturellement nous n'entendons parler ni du marchand dans le bazar ni d'autres de cette catégorie, qui ont de la fortune et qui n'ont rien à voir dans ce qui nous occupe ici : nous ne parlons pas non plus des parasites qui grattent ci et là une piastre pour quelque petit service, plus ou moins imaginaire : pas plus que des âniers, des mariniers, des charretiers, etc., ils sont une minorité imperceptible parmi les millions qu'on soupçonne de faire des bénéfices, n'importe quels, avec les touristes au flot annuel et nombreux, et qui, bien au contraire, du fait de ces visiteurs si peu désirés font des pertes très sensibles. A propos d'une question qui du reste ne concerne pas du tout les chrétiens, un auteur moderne égyptien a avancé très sérieusement cette thèse, que «l'énorme renchérissement de la vie en Egypte, du fait de l'occupation », est une des causes qui diminuent le nombre des mariages parmi les Musulmans : mais aussi pour l'ensemble de la population ; il est reconnu et avoué par les autorités que les touristes ont fait monter le prix des vivres d'une façon exorbitante.

Les hôtels et pensions accaparent tout ce qui se trouve de produits alimentaires, légumes, viande, poisson, volaille et le reste ; ils paient des prix qui pour eux n'ont rien de déraisonnable, étant donné ce qu'ils exigent et les profits qu'ils en attendent. Leurs vastes chambres à provisions n'engouffrent jamais assez, de sorte que le marché public est réduit à l'insignifiance. Négociants et producteurs sont généralement riches et ils forment un monopole effectif d'où le petit vendeur est exclu, de sorte qu'ils récoltent entre eux seuls tous les gains. Il s'en suit que pour bien des articles alimentaires qu'on recherche, le prix est au-dessus de la portée du pauvre. Ceci ne s'applique pas à la rigueur au Caire ni aux grands centres, mais particulièrement aux provinces de la Haute-Egypte fréquentées par les touristes, Louqsor, Assouan, etc.

On le voit, c'est pour le moins une inexactitude de dire que le fellah, qui forme la grande masse du peuple égyptien, voit son bien-être accru de si peu que ce soit par les touristes. D'autre part, nous avons montré que la vie a renchéri depuis que le pays est sous le régime anglais, et il n'y a là certes aucun avantage pour le natif.

Personne ne conteste que les revenus du gouvernement égyptien n'aient augmenté pendant la période d'occupation. Reste à prouver sur la foi des documents, ce que les excédants des revenus sur les dépenses ont de réel ou d'imaginaire. Le mot de jonglerie nous est comme échappé à propos de l'administration des finances ; nous essaierons donc d'excuser cette sortie. Par exemple, M. Willmore avance ceci : « En 1883, qui fut la première année de l'administration anglaise en Egypte, le revenu du pays était à peine de neuf millions de livres. Il n'a dès lors pas cessé de s'accroître. En 1890 il atteignait dix millions et sept ans plus tard il était de onze millions. » Voilà qui est fait pour nous donner l'impression que la prospérité s'accroît ; mais que dit Lord Cromer en personne dans son « Egypte moderne ? » — En 1892, les revenus du gouvernement égyptien se montaient à 10,364,000 liv. égyptiennes et les dépenses a 9,565,800 livres égyptiennes. Pour qui n'est pas expert dans le dédale des finances égyptiennes, il semblera à première vue que le gouvernement disposa d'un excédant de 769,000 livres égyptiennes. — Le surplus vrai en caisse du trésor égyptien, n'était que de 179.000 livres.

D'où cette variation ? On peut s'y prendre ainsi pour l'expliquer, au moins en partie : En 1885 l'emprunt égyptien de neuf millions liv. égyptiennes était émis, et il s'agissait de combiner à nouveau la répartition des revenus tant affectés que non-affectés. Et Lord Cromer explique « qu'il fallait veiller à ce que les premiers fussent relativement augmentés pour parer à toute éventualité préjudiciable aux titulaires de l'emprunt ; ce qui avait pour résultat de diminuer à proportion les derniers. Les dépenses de l'administration furent fixées à un certain montant permanent de 5,237,000 liv. égyptiennes qui correspondait à ce qui était désigné comme revenus non-assignés, et par la fixation de ce montant on entendait prévenir les abus administratifs.) Au cas où les revenus *non-effectifs* ne fournissaient pas le sus-dit montant, il fallait combler le déficit au moyen des revenus *affectés.* »

Il y a là un tour de passe-passe de finances, qui donne lieu à des remarques de Duse Mohamed dans son livre « Le pays des Pharaons »: Ceci réglé, de l'excédant aux mains des Commissaires on faisaient deux parts; l'une leur restait, l'autre se payait au gouvernement égyptien. Donc, on avait ceci, comme solution de cette énigme des finances internationales, c'est que quand le gouvernement égyptien voulait débourser une livre en surcroit de ce que lui allouait le régime international, il se voyait forcé d'en faire rentrer deux pour faire face à ses obligations devenues plus lourdes ; et ainsi chaque fois que le pays progressait et complétait son équipe administrative de « Conseillers » (qu'on avait fait venir à grands frais) et autres machines perfectionnées pour civiliser le pays, et en vertu du système si minutieusement conçu en 1885 — à chaque fois, disons-nous, le gouvernement payait à double les items innovés. Cette mécanique administrative et financière, que nous devons à l'évolution de la civilisation supérieure de l'Occident » — mes lecteurs pardonnent comme moi cet amer sarcasme à l'écrivain égyptien — coûtait d'entretien 40,000 livres par an au Trésor égyptien. En 1904, les Commissaires de la Dette en étaient réduits au rôle de receveurs pour le compte des titulaires de l'emprunt. On s'y était pris par les négociations et par la diplomatie pour leurs rogner leurs prérogatives administratives. »

Quant à l'histoire des « Conseillers », elle est triste à dire. Notre épistolier égyptien, qui c'est donné beaucoup de peine pour déceler les graves vexations dont souffrait son pays aux mains d'ursurpateurs, et pour les exposer clairement à un « homme politique anglais », quant il en vient à parler de cette plante, d'une administration exotique, qui a su pousser ses racines si avant dans le sol égyptien, le fait en des termes qui méritent d'être entendus. Il remarque : « Il y á un autre côté faible que je tiens à vous dénoncer. Chacune des branches de l'administration a son « Conseiller britannique », institué nominalement par le gouvernement égyptien, mais effectivement par le Conseil général britannique, avec lequel il est toujours en contact. Pour autant, il n'y aurait rien à dire, si du moins ces fonctions s'exerçaient dans les limites mêmes que leur titre semble leur assigner; mais en réalité le « Conseiller » est tout autre chose que ce qui est désigné par son titre officiel. Il est le porte-parole de son Chef et le canal par lequel communiquent l'administration à laquelle il ressort et le Consul-Général britannique (à cette époque Lord Cromer), lequel est le dictateur et l'autocrate. Un « Conseiller » touche 2000 livres égyptiennes par an. Il en vaut la peine, dans le cas d'un Etat appauvri, surtout en tenant compte du fait que ce sont gens de moyens — il arrive même que quelques-uns ont des revenus privés bien supérieurs à ceux qu'ils se font en Egypte.

L'auteur des Lettres cite ensuite certains cas de cumul : «Comme si ces salaires n'étaient pas digne de leurs fonctions, Sir .W. Garstin, Conseiller au Ministère des Travaux publics, Sir Vincent Corbett, Conseiller au Ministère des finances, et le Capitaine Lyons, du Département du cadastre, viennent de se voir nommés au Département des chemins de fer (1905). On n'a pas encore indiqué officiellement à combien se montera leur augmentation de salaire, et il est à présumer que cela ne s'indiquera jamais, pas plus dans leur cas que dans celui de leurs collègues indigènes éminents et qualifiés comme eux. Les comptes publiés tout à l'heure dans le « Journal officiel » pour ces six derniers mois, sont disposés de façon à ne rien révéler au public là-dessus... Je voudrais vous prier de considérer le cas de Lord Edward Cecil, nommé au Ministère des finances avec une paie de 2000 liv. égyptiennes par an, quand il y a déjà auprès de ce Ministère un « Conseiller » et un sous-secrétaire qui touchent 1500 liv. égyptiennes à l'année. Les titres qui désignent Lord Edward Cecil pour ce poste sont, à ce qu'il semble, qu'il a eu ci-devant et *simultanément* la charge d'Agent-Général du Soudan et de sous-secrétaire d'Etat au Ministère égyptien de la Guerre. »

Et puisque nous parlons de Lord Edward Cecil et de ce qui le désignait pour les postes qu'il a dans le gouvernement égyptien et qui ne sont, pour dire vrai, que des sinécures, il n'est pas hors de propos de rappeler qu'il est le quatrième fils du fameux marquis de Salisbury, que nous avons eu l'occasion de mentionner, en termes que nous aurions voulu plus flatteurs, à propos du rôle qu'il joua à la Conférence de Berlin en 1878 ; il a laissé un frère Lord Robert Cécil qui fait partie du présent gouvernement britannique. Lord Edward Cécil ayant fait d'abord une carrière de soldat, n'était guère, semble-t-il, sur la voie qui mène à gérer les finances, quand même il avait eu un frère qui, dans sa jeunesse, avait creusé l'or dans les arrière-districts de l'Australie. Il faut croire qu'il y a une route royale pour aller à la gloire et aux places lucratives. Un critique égyptien, que distingue une franchise intrépide, a écrit un jour un article sur cette question-là, dans un journal indou, le « Capital », il y traite de la politique suivie par Lord Kitchener en Egypte et démontre qu'il faut forcément la délaisser, pour la raison qu'il a délibérément sacrifié ceux mêmes qui auraient pu la pourssuivre, au cas où ils s'y seraient prêtés ; mais dans un pays où se trouve Lord Kitchener, il n'y a place que pour un homme de poigne, et c'est homme est Lord Kitchener. En dehors de lui tout fonctionnaire en vue, qui se permet d'avoir sa tête et de le dire, n'a plus qu'à s'en aller.

« Quand Lord Kitchener vint en Egypte, l'homme à poigne

dans le gouvernement était Sir Paul Harvey, le Conseiller aux finances. Lord Cromer l'avait amené avec lui en Egypte, en un moment de difficultés financières, et le travail qu'il fit au Caire lui valut la réputation d'un expert en la matière. Mais Lord Kitchener était, à son tour, arrivé depuis peu de semaines, que déjà il circulait des bruits de mésintelligences, et ils ne tardèrent pas à être confirmés par la retraite de Sir Paul Harvey, qui, a-t-on prétendu, ne pouvait se faire à l'idée de prêter les mains à des mesures législatives dont l'effet serait aussi funeste que celles qu'envisageait Lord Kitchener. Il rentra en Angleterre où il ne tarda pas à être nommé Conseiller financier au Commissariat des assurances. En Egypte sa succession fut reprise par Lord Edward Cécil, un gentleman des plus estimables, qui ne sait pas le premier mot de finances, parce qu'il danse sur le fil que fait mouvoir le maitre des marionnettes. »

Voilà qui corrobore exactement ce que nous avions cru devoir dire plus haut du Conseiller financier actuel. Il ne « sait pas le premier mot de finances », donc il n'hésite sur rien, donc il se joint de bon gré à la danse que mène l'Agent et Consul-Général britannique, et approuve tout ce qui passe par la tête de son Chef, sans même se demander quel effets funestes pour le pays « qui est sous notre tutelle » pourra avoir une administration conduite par de telles méthodes.

« De même, ajoute encore l'article du « Capital » pour ce qui est du Conseiller au Ministère des Travaux publics. Lord Kitchener avait trouvé M. Dupuis, lequel, après s'être fait une réputation en Inde, au Département des Travaux publics, fut choisi pour aller en Egypte où il passa pour un des Chefs de ce Département, les plus habiles que le pays eût jamais eus. Mais il eut la maladresse de tenir à ses idées sur la façon dont ces travaux devaient être menés — et il lui fallut quitter. Il a eu pour successeur M. (maintenant Sir) Murdoch Macdonald qui a été récompensé de son agilité à se mouvoir sur le fil, par la collation du C. M. G. (et par la suite, du K. C. M. G.,.) etc. »

Estimables fonctionnaires qu'ils sont, on ne les voit jamais las d'accepter des ordres, des décorations et des titres pour avoir su danser aux sons du pipeau de leur maître, et quand il n'y en a plus, d'ordres, on en recrée. Ainsi, presque le premier acte du gouvernement britannique, une fois le Protectorat proclamé en Égypte, fut d'y instituer l'ordre du Nil et ce fut à qui se passerait le « Grand Cordon » de cette reluisante décoration au cou les uns des autres, — quand un licou aurait rempli l'office tout aussi bien. Et des premiers à recevoir ce Grand Cordon de l'ordre du Nil furent les mêmes, Lord Edward Cécil et Sir Murdoch Macdonald.

Il faut savoir qu'il y avait en Lord Kitchener trois indivi-
dus bien différents : le soldat, l'administrateur, le simple citoyen,
et il faut juger ses actes d'après cela. « De mortuis nil nisi
bonum » est une sage maxime que nous ne demanderions
qu'à suivre en ce cas, si notre cœur parlait seul ; mais Lord
Kitchener l'homme public a fait en Egypte des choses que le
temps pourra seul effacer, et à raison desquelles il est encore
sous la coupe de notre jugement, de ces critiques ; si elles lui
sont défavorables, qu'on s'en prenne aux excentricités que nous
a fait voir son régime en Egypte. Sur l'autorité incontestable
d'un ancien Livre, nous savons qu'Achab, roi en Israël, fut
un homme de guerre des plus braves et capables qu'il y eût,
et qu'il se battit tout un jour, blessé, et le sang découlant de
son chariot, jusqu'à ce qu'il mourut, le soir ; mais ce passage
de la chronique s'imprime moins facilement dans la mémoire
que la vilaine histoire de cette dame au visage peint qui avait
nom Jézabel, ou encore, que celui d'une certaine vigne..., « et
quand au reste de ce qu'il fit, et la maison d'ivoire qu'il se
bâtit, n'est-ce pas écrit — dans un autre Livre ? »

Quelqu'un d'autre a écrit, et ce n'est que trop vrai :

« Le mal que nous faisons nous survit ;

Le bien s'enfouit souvent avec nos ossements ».

Ainsi soit », pour Kitchener.

Maintenant, revenons à la question des salaires excessifs.
Nous avons déjà examiné ceux des Conseillers et il ne nous a
pas échappé qu'ils sont assez louches. D'autre part, les Ministres, qui sont des indigènes, et qui ne font autre chose qu'exécuter les ordres de leurs « Conseillers », comme ils s'appellent,
touchent, pour la complaisance qu'ils y mettent, 250 livres
sterling par mois. Nous ne pouvons nous empêcher de demander à qui de droit : pourquoi tolère-t-on cette dissipation des
deniers publics ? « On paie trop ceux qui ont les hauts grades
et pas assez ceux qui sont plus bas », dit l'épistolier égyptien,
et ce n'est que trop vrai. Ainsi, il y a des gouverneurs de
provinces indigènes, qui touchent 100 livres sterling par mois,
qui ont été privés de leurs attributions ou pour mieux dire
aux postes desquels on a retiré tout vestige de responsabilité,
d'autorité effective. Ce ne sont plus des gouverneurs, mais des
commis, et pourtant leurs salaires devraient être réduits. Tout
ordre, même pour des choses insignifiantes, vient directement
du Ministère de l'Intérieur. »

Si l'on en doute, nous nous contenterons de nous appuyer
sur le propre témoignage de Lord Milner et l'on verra quelle
est l'attitude du gouvernement britannique vis-à-vis des Ministres indigènes. Il raconte, et M. Moseley l'a lu comme nous,
qu'il y avait un Ministre indigène récalcitrant qui reçut un jour

les avis du Consul-Général britannique au Caire, à propos
d'une chose que le dit Ministre n'entendait pas du tout exécuter de cette façon. Il monta sur ses grands chevaux, assura
qu'il n'y consentirait jamais et menaça de donner sa démission.
La patience finissait par échapper au Consul-Général et il envoya deux mots d'écrit au Ministre, comme quoi sur cette
question le gouvernement britannique ne se laisserait pas faire
la loi. Le porteur du message s'attendait à une explosion de
ressentiment, il ne vint rien du tout. « Eh bien, dit cet altier
personnage, en haussant les épaules, si c'est un ordre, je n'ai
plus rien à dire. » Et ce fut tout. Comme nous le fait entendre
Lord Milner, il eût été plus aisé, combien plus aisé, de mener
à bien nos réformes si nous avions pu nous faire à prendre,
dès l'abord, un ton dont l'assurance ne se démentit pas. « La
main du maître chez un Résident » selon l'axiome émis par
Lord Dufferin, « n'aurait pas mis longtemps à faire tout plier. »

Comment se fait-il alors, que Sir Wilfrid Lawson, traitant
à la Chambre des Communes des temps troublés, par où passait l'Egypte, ait dit qu'il attribuait « tout le trouble qu'il y a
maintenant dans ce pays aux façons injustes et altières de
l'Angleterre. » A la même époque, le Très Hon. W. F. Forster,
un ferme partisan du gouvernement d'alors, allait plus loin
encore, et déclarait que « la bataille de Tel-el-Kebir n'aurait
jamais dû se donner. Grâce à elle, nous en sommes là, qu'il
n'y a plus de pouvoir en Egypte, excepté celui du gouvernement britannique... » Et comme le Premier Ministre avait dit
devant la Chambre : « Il s'agit maintenant de reconstruire. »
M. W. F. Forster, répliqua : « Et comment reconstruirons-
nous ? Avec des conseils ? C'est très bien de conseiller, mais
je ne vois pas où une nation occidentale peut échouer
plus sûrement, si ce n'est à essayer de gouverner un pays
oriental par des conseils donnés à une administration orientale.»

On le voit donc, les opinions diffèrent du tout au tout en
Angleterre et en Egypte sur cette épineuse question des « Conseillers » et de leurs conseils, et les différentes manières de s'y
prendre pour les donner; mais les « Conseillers » mêmes n'en
existent pas moins comme du passé, et touchent leurs salaires
sans aucune répugnance, quoique leurs postes soient de pures
sinécures.

La consigne du secret qui est observée par les fonctionnaires Anglo-Égyptiens de tout Ministère ou Département, serait aussi une preuve qu'on tient en général à laisser le Ministre indigène dans l'ignorance de tout ce qui se trouve dans
les bureaux des Conseillers et de leurs satellites. Cette méthode
a pourtant fait du scandale, lors du renouvellement de la concession du Canal du Suez, dans le Ministère des Finances, du

fait de certaines réserves et de certaines roueries qui concernaient les intérêts des actionnaires tant français qu'anglais, et il n'y avait pour machiner ce complot que cinq Anglais en Egypte, dont l'un le défunt Sir Eldon Gorst, un autre Lord Edw. Cécil. Du reste, ce qu'on reproche tant aux Anglais en Egypte, c'est, tout en touchant leurs fantastiques salaires, de ne rien faire pour que l'Egyptien gouverne un jour lui-même son pays, ce qui est pourtant le prétexte perpétuellement allégué de notre occupation de l'Egypte; bien plus, les critiques indigènes n'hésitent pas à proclamer que le fonctionnaire britannique en Egypte fait de parti pris en sorte de laisser ignorer le plus de choses qu'il est possible à l'Egyptien. Celui-ci ne peut qu'en garder du ressentiment. M. Moseley ne nous cache nullement ce qu'il pense de ces fonctionnaires, il nous dit : « Certains des maux dont souffre l'Egypte ne sont pas tant le fait de la politique britannique elle-même, que de la stupidité et de l'arrogance de certains fonctionnaires en particulier; du reste ces défauts ne vont guère l'un sans l'autre.»

Nous avons vu plus haut que le Département de l'Instruction publique fournit des salaires plus que confortables à un grand nombre de fonctionnaires anglais. Il faut voir encore combien cette sorte de fonctionnaires est répandue dans toute l'Egypte, et dans quelle proportion ils dérivent de leur côté les revenus du pays. Dans la décade de 1896 à 1906, aux termes du contrôle officiel, le nombre des fonctionnaires indigènes au service du gouvernement s'est élevé de 8444 à 12,206. D'un autre côté, dans la même décade, le nombre des étrangers dans les services civils de l'Egypte est monté de 690 à 1285. Tandis que, par conséquent, celui des indigènes croissait du 50 %, pas tout à fait, celui des étrangers n'était pas loin du 100 %. Dans ce total de 1252 étrangers, il y avait plus de la moitié d'Anglais, soit 662.

Pour rassurer pleinement notre conscience sur le grief que nous faisons aux Anglais de penser peut-être un peu trop à leurs intérêts particuliers, en se partageant largement et plus que largement les crédits alloués pour les services de l'administration civile, donnons encore un regard à certains groupes de chiffres, parce qu'ils sont faits sur le même plan. Prenons par exemple les chemins de fer. Les chiffres que nous donnons, qui sont les seuls que nous ayons à notre disposition présentement, sont ceux du Rapport officiel de 1907 ; mais on peut en appliquer la leçon à l'année où la guerre a éclaté, parce que la relation — ou dirons-nous l'irrélation — mutuelle de ces chiffres est demeurée la même.

Nous trouvons donc 5428 salariés inférieurs des chemins de fer, qui ont moins de 11 liv. sterling par mois : de ceux-là

5230 sont des indigènes et seulement 198 des étrangers. Il y a ensuite 276 sous-inspecteurs dont les salaires sont de 16 à 25 liv. par mois, dont 147 sont des Européens, et 129 des Egyptiens. Des 93 inspecteurs qui touchent de 26 à 48 liv. par mois, il y a 74 Européens et seulement 19 Egyptiens. Enfin, d'entre 36 inspecteurs en chef, payés à 600 liv. par an, ou plus, il n'y a que 4 Egyptiens et 32 Européens.

Ceci est l'image de ce qui se passe dans toute la machinerie du gouvernement égyptien. Le service civil de ce pays est une excellente réserve de chasse pour des bandes de cadets de famille, toute une jeunesse qui n'est bonne à rien d'autre et prospère à vue d'œil sur cette terre nourricière. D'heures de travail, il n'y en a pas, de récréation il y en a beaucoup, les jours de congé sont fréquents, et les grandes vacances sont très grandes en effet. Cela ne dure guère longtemps, qu'on leur augmente la paie, ils tiennent bon encore quelques années, juste assez pour faire le nid bien chaud, et puis alors, ils se soustraient à l'idéal devenu importun de la sphère où ils se rendaient si utiles au public; ils achèvent leur existence généralement à ne plus rien faire pour autrui, grassement pensionnés par le *gouvernement égyptien* et décorés, comme il est d'usage, lors de leur retraite, de l'ordre du Médjidié.

Avant de terminer ces remarques sur le mauvais état des finances de l'Egypte, il ne sera pas moins à propos de mentionner les gaspillages commis dans certains ouvrages publics et dont on n'a pas assez parlé. « La première condition pour enrichir l'Egypte » disait Lord Milner, « c'est de maintenir en état les grands ouvrages publics. » L'un des plus grands, c'est le barrage d'Assouan, une des merveilles du monde. Ce qu'il a de merveilleux, c'est surtout l'argent qu'il a coûté, en regard du fait que les gens du métier assurent qu'il faudra ou bien le surélever ou bien le mettre à bas et en construire un neuf.

Construit sur les plans originaux de Sir William Willcocks, ce barrage était calculé pour contenir un certain volume d'eau suffisant aux besoins du pays, du moins à ce moment. Mais avant même qu'on l'eût terminé, en 1902, « la prospérité de l'Egypte s'était tellement accrue qu'on essaya d'exhausser le barrage. » En 1912, ce nouveau travail était achevé; néanmoins de toutes parts on criait : « plus haut, encore plus haut. » On se mit à discuter si c'était possible. M. Moseley pose tout simplement la question telle qu'elle est et telle que le peuple la posait : pourquoi ne pas faire d'emblée ce barrage à la hauteur voulue ?

On en a donné des raisons, telles que la question des fonds, mais c'est un prétexte que personne n'a pris bien au sérieux.

La plus vraie, sans doute, est une raison de sentiment ou qui y correspond. Tous ceux qui connaissent l'Egypte savent qu'il existe encore dans ce pays étrange beaucoup de monuments sans prix, à côté d'une foule d'autres qui ne valent rien du tout. Pour la plupart du reste de ces monuments, qu'ils soient beaux ou laids, ou qu'ils nous laissent indifférents, l'indigène n'y attache aucune valeur, encore moins le fellah dont les villages sont semés parmis ces débris archaïques d'époques et de dynasties qui n'appellent d'aucune façon à sa curiosité, qu'aucune éducation n'a encore éveillée et formée ; tout ce qu'ils y voient ce sont des appâts pour les touristes ou d'autres qui d'aventure viennent les voir et par ci par là leur laissent un petit bakchich. Mais ce qui les touche tout autrement, c'est l'irrigation de leur sol. Leur existence en dépend et en a dépendu depuis les temps les plus reculés.

Seulement, il y a cette « Perle de l'Egypte », que les poètes ont chantée, et qu'ils chantent sans doute encore comme les poètes d'aujourd'hui chantent des personnages disparus dans les temps les plus lointains. C'est de Philé que nous voulons parler. Le nom même a une empreinte romantique et nul de ceux qui ont pu passer des journées entières sur cet ilôt, parmi ces ruines historiques, ne contestera un caractère étrangement romantique à ces temples et à ces pylônes écroulés, envahis par l'eau et la boue, qui nous parlent des changements du sort dans tant de siècles, des vicissitudes immémoriales des religions et des sociétés. Philé est un lieu à s'enthousiasmer, ou bien un lieu à y passer avec un haussement d'épaules et le désir de voir et de penser à d'autres choses — et à y déjeûner. C'est selon le tempérament que vous avez, l'état de votre bile, l'intérêt que vous prenez aux antiquités et à l'archéologie. Pour bien moins que ne vous coûterait un billet de 2ᵉ classe pour Philé et retour, vous pouvez vous procurer d'excellentes notices copieusement illustrées par des Egyptologues, genre édition de luxe à belles reliures ; et vous y puiserez tout à votre aise une connaissance bien plus étendue des beautés et des mystères de cet ilôt fameux, que celles que vous retireriez d'une visite de passage à l'endroit où se trouve, à moitié sous l'eau, cet ilôt.

Vous avez des gens, et nous avouons être du nombre, qui connaissent assez exactement la grande Muraille de Chine, l'aspect qu'elle a vue du nord, du sud, de l'est, de l'ouest, la couleur qu'elle offre à l'œil, et ainsi de suite, sans jamais y être allés :

Philé, cette Perle de l'Egypte, s'est vue vanter sur tous les tons, jusqu'à ce qu'on en ait fait une sorte de fétiche. Elle se trouve juste au milieu des eaux que retient le grand barrage d'Assouan. Quand les ingénieurs firent les plans originaux de ce barrage, ils envisagèrent l'ouvrage à faire, et non pas l'îlot de Philé. Ils avaient à construire un barrage au bénéfice des Egyptiens et non au bénéfice ou au détriment de Philé. Si l'on s'en était tenu à leurs plans, Philé aurait été submergée et le pays y aurait gagné des millions de Livres. Au fait, elle n'enfonçait dans l'eau que jusqu'aux genoux, à l'étiage le plus fort, tant que dura le barrage primitif ; pendant la saison des touristes, on y abordait dans des « felouques » d'où l'on débarquait au premier étage, en quelque sorte. En été, vous pouviez parcourir l'îlot à votre gré, et constater les ravages que l'inondation y avait causés. Puis survint l'exhaussement du barrage : aujourd'hui les édifices de Philé ont de l'eau jusqu'au cou. Comme on ne peut éluder la nécessité de relever encore le barrage, Philé quittera à jamais la scène de l'Egypte, où elle a joué des rôles si divers.

Nous revenons maintenant à la question de M. Moseley : Pourquoi ne pas faire d'emblée le barrage à la hauteur voulue ? » Par là, on aurait par différentes voies économisé des millions de Livres peut-être à l'Egypte. M. Moseley nous rapporte qu'il assista en 1912 à la cérémonie de l'inauguration de ce premier exhaussement du barrage, le barrage à moitié fait pour parler comme lui, et qu'un des personnages auxquels on devait l'ouvrage, lui dit : C'est grand dommage que ces archéologues nous aient empêché de l'amener d'emblée à la hauteur voulue », à quoi M. Moseley aurait répondu : « C'est grand dommage que vous n'ayez pas eu des gens assez forts pour les ignorer. » On avait fait des calculs exacts qui assuraient des ressources à des milliers de familles de paysans, mais on a eu soin de nous avertir que « ces fins mathématiciens qui faisaient leurs comptes au mètre près, avaient simplement omis d'y faire entrer la question de prime importance de Philé. Que pouvaient bien nous faire ces « feddans » de terres irriguées si ces édifices étaient mis en péril ? Qu'était la question négligeable de sauver l'être à quelques milliers de fellahs qui importent peu, pourvu que Philé ne fût pas envahie par les flots ? » Cependant, nous dit M. Moseley, après nous avoir entretenu de ces contradicteurs, qui paraît-il fondirent comme la grêle des Etats-Unis et des autres parties du monde, et qui ne pouvaient guère porter qu'un intérêt superficiel à l'Egypte, comme touristes ou financiers ou spéculateurs ou encore marchands d'antiquités.

« Cependant ce furent eux qui firent jouer des influences suffisantes pour engager le gouvernement à remettre à l'étude le plan d'avancement, de façon qu'on fît un compromis et rabaissa l'estimation première de l'exhaussement à atteindre, ce qui mit en péril la santé et les moyens d'existence des fellahs qui demeuraient dans la périphérie de cette région... L'effet de cette politique craintive se fit bien voir dans l'été de 1913, lorsque le Nil fut au plus bas, de même que le sort des pauvres fellahs... Mais ceux qui avaient causé leur ruine arrivèrent en hiver, abrités du soleil par leurs casques blancs — prirent le train ou s'embarquèrent sur les dahabeyé pour la Haute-Egypte et au clair de la lune, exhalèrent leurs regrets sur le sort de la malheureuse Philé. Après quoi ils essuyèrent leurs larmes et s'en allèrent dîner. »

Or, la « malheureuse Philé » sera submergée, il n'y a pas à tortiller, et la seule question qui se pose est celle-ci : Peut-on exhausser le barrage ou faut-il en construire un neuf ? Au prix, bien entendu, de millions de Livres qu'il faudra tirer des bourses des fellahs déjà surmenés. Le barrage d'Assouan, à ce point de vue, nous paraît certainement le triomphe de l'art de l'ingénieur comme du financier. On a pu l'appeler avec grande apparence de raison « le grand bourbier du barrage d'Assouan. »

Sir William Willcoks, qui avait soulevé la question de savoir si le barrage ne serait plus exhaussé, ajoutait que, du moment que Philé était convertie en marais, il n'y avait plus de raison pour ne pas amener maintenant le barrage à la hauteur que donnait le projet original « avant que Philé y eût jeté son ombre ». Et l'auteur de « Avec Kitchener au Caire » fait cette remarque : « De nouveau Philé ! Je me demande ce que peuvent bien penser en Angleterre, ceux qui apprennent, pour la première fois sans doute aujourd'hui, que le bien-être des fellah et l'avenir de l'agriculture, la source principale de la richesse de l'Egypte, étaient mis en danger, et sont encore maintenant compromis, par l'opposition d'une poignée d'archéologues ». Il a fallu à ceux qui ont entre les mains la prospérité de l'Egypte, très peu de souci de la chose publique pour laisser ainsi écourter les prévisions du plan original. Ils ont cédé devant des influences qui auraient pu porter atteinte à leur position.

On croit d'autre part que certaines personnes avaient proposé de transporter ailleurs les belles ruines d'architecture de l'îlot de Philé. Quoiqu'il en soit, nous avons sous nos yeux les résultats d'une sentimentalité qui a coûté cher au Trésor et au paysan égyptien.

Il faut se dire que ce paysan, le fellah, est le véritable soutien du pays, et qu'il est d'autant plus cruel qu'il ait eu à souffrir et doive encore le faire à l'avenir, de la « politique craintive » dont on vient de parler. D'après les chiffres, « le 30 % au moins des recettes directes proviennent de l'impôt foncier, qui se lève au prorata de la fertilité du sol arabe. Sur 5,457,981 feddans représentant le terrain soumis à l'impôt en 1914, il y avait 4,763,088 feddans possédés par 1,555,503 indigènes. »

L'endettement du fellah est proverbial, et c'est Lord Kitchener qui a inauguré une législation en vue de le secourir. Le fellah avait été d'âge en âge la proie du prête-deniers, et aux termes mêmes des documents officiels « d'une saison de coton à l'autre le cultivateur est demeuré débiteur de celui qui lui fournissait la graine, les outils, le bétail, lui achetait le coton et les autres récoltes, lui avançait de l'argent pour les noces et autres fêtes ; s'assurant à chaque nouvelle transaction par laquelle le fellah était bien forcé de passer, du fait même des précédents marchés — une prise plus sûre sur le fellah et sur son bien. On a vu quantité de cas où le fellah a dû se vendre pour acquitter non pas le montant primitif de la dette, qui avait toujours été remboursé dès longtemps, mais les intérêts et frais, légaux au autres, accrus d'un renouvellement à l'autre ; tombant ainsi du rang de propriétaire bailleur d'ouvrage à celui de journalier, souvent sur son ancien domaine.»

Quant à nous, nous faisons le lecteur juge de la question de savoir : si l'Angleterre a occupé l'Egypte et y a forcé les fellah à rendre des impôts, pour le seul bien de ces derniers, sans souci de ses intérêts personnels.

CHAPITRE VII

Justice

Il n'est pas aisé de traiter cette matière de la justice en Egypte, car il vous revient en tête aussitôt certain chapitre de l'humoriste Mark Twain sur les « serpents en Irlande », qui ne contient rien d'autre que ce bref renseignement : « Point ». C'est la même chose, à tout prendre, pour la justice en Egypte. Il y a force juges, M. Willmore ne l'ignore pas, en ayant été un lui-même ; une nuée d'hommes de loi, tant avoués qu'avocats, de toutes nationalités, et de la loi partout, même beaucoup trop. Pour la justice, comme nous venons de l'énoncer, elle brille par son absence, ou peu s'en faut.

Car, demanderions-nous, quelle justice attendre d'un régime sous lequel on condamne le natif ignorant à la mort ou au fouet comme cela s'est fait dans l'échauffourée si connue de Denchavai et dans d'autres cas dont nous avons parlé ? Il y a quelque dix ans, un membre de la Chambre des Communes posa cette question : « Il faut avouer que dans ces quelques dernières années le nombre des délits commis par les indigènes, n'a fait que s'accroître, à preuve les Rapports annuels de Lord Cromer, est-ce que le Secrétaire d'État aux Affaires Étrangères est décidé à engager le gouvernement égyptien à instituer une commission pour enquêter : sur les capacités des fonctionnaires judiciaires, tant Européens, qu'Égyptiens, sur le système de procédure criminelle en vigueur en Égypte et sur la législation criminelle en Égypte. »

Sur quoi notre épistolier Égyptien remarque, qu'il n'y a personne de ceux qui dans ce pays sont au courant de l'administration de la justice, en exceptant bien entendu les fonctionnaires en charge, que l'optimisme aveugle sur l'état réel des choses, qui n'eût salué avec joie cette enquête, dont il aurait attendu des bienfaits incalculables pour la nation égyptienne. Mais on se refuse à l'instituer. Pourtant elle était urgente, comme je vais le montrer.

Il n'est pas excessif de dire qu'il n'y a pas, dans l'administration anglo-égyptienne, de Département aussi faible ni aussi défectueux que le Ministère de la Justice. Il est à peine besoin de dire que ce Ministère est du haut en bas sous le contrôle d'Anglais, choisis pour ces postes difficiles par la voie arbitraire du patronage tout pur. Pas toujours pur, dirions-nous plutôt. Pour le fond, c'est vrai du reste, et nous avons eu à en dire deux mots dans notre chapitre des finances, sur la façon dont on paie ces Messieurs, et sur les cours lucratifs qu'ils donnent par surplus à l'École Khédiviale de Droit. « On me permettra peut-être d'affirmer » dit notre autorité, corroboré par M. J. M. Robertson, « que l'emploi que fait le Ministère de la Justice de fonctionnaires incapables ou mal préparés à leur tâche, est la grande pierre d'achoppement pour que la justice soit rendue équitablement et sûrement, une humiliation pour les candidats, et un affront au respect qu'on se doit et au bon sens...

Le nombre des Juges britanniques à la Cour d'Appel indigène équivaut presque à celui des Égyptiens, mais il va sans dire que leur influence et leur autorité prédominent... Ils sont rétifs à accorder quelque valeur à beaucoup d'institutions natives et à respecter l'inflexibilité de leurs usages; ils veulent juger, sans quitter le point de vue d'étrangers, du caractère des habitants de notre pays... Inroduire ces gens dans les rameaux les plus élevés de notre administration a pour résultat de déprimer et de gâter à la longue le service civil Egyptien.

Tel est malheureusement le cas de cette catégorie d'Anglais qui nous gouvernent, qu'ils n'ont pas plutôt mis le pied dans notre pays, qu'ils tournent en ridicule et vouent à l'injure tout ce qui est différent de chez eux, et s'il ne tient qu'à eux, bien loin d'adopter les usages de notre pays, où ils sont venus chercher leur bénéfice privé, ils tâcheront d'en contraindre les habitants à troquer contre les leurs, leurs notions du bien et du mal... Pour eux, inutile de discuter, les natifs sont une sorte d'hommes vile, inférieure, avec très peu de bonnes qualités, et qui se conduisent par des institutions et des coutumes détestables. » Un peu plus loin, notre auteur reprend : « Je dois peut-être aussi vous faire remarquer, que nos juges n'en sont pas dans le sens où le sont ceux qui chez vous occupent de pareils postes. Ils ne sont que de simples fonctionnaires judiciaires, dans la dépendance la plus étroite de leurs supérieurs hiérarchiques. Un pareil état de choses, du moment qu'il est signalé à l'observateur, si superficiel soit-il, de nos affaires, lui révèle la faiblesse où doivent tomber ces juges et par conséquent le détriment qui en revient à la bonne administration du droit.

Une autre cause qui fait que la justice britannique a si peu de succès en Egypte, c'est que la plupart des fonctionnaires judiciaires sont nommés encore beaucoup trop jeunes. Les choses indispensables pour faire un bon juge, c'est la science, la patience, l'heureux tempérament, le jugement, la pénétration, l'expérience. Il peut arriver qu'un jeune homme ait en partie ces qualités, mais la nature ne souffre guère qu'on force le temps, elle veut en général qu'on laisse mûrir les qualités. C'est pour cette raison, et sans refuser de prime abord des capacités de jugement aux jeunes membres du Barreau, que je m'aventure à dire que je ne les crois pas à la hauteur de leurs fonctions.

Une autre chose dont on se plaint très sérieusement, c'est le mépris que les justiciers ou pour mieux dire tous les fonctionnaires indigènes ont à essuyer de la part de leurs collègues britanniques... On semble compter pour rien leurs capacités, leurs talents, d'où il suit que ce sont les idées et les doctrines de l'Europe qui régissent souvent là où il ne faudrait pas l'administration britannique tout entière, et non pas seulement en matière judiciaire, en Egypte.

Le vice de fond de la judicature européenne telle que nous l'avons sous les yeux en Egypte, y compris les ressorts du Ministère de la Justice, c'est la méthode défectueuse dans le choix des fonctionnaires. Dans le régime que nous avons à l'heure qu'il est, on prend des Anglais au petit bonheur parmi les avocats sans causes qui flânent dans les cours anglaises, aucun desquels, faut-il le dire, n'a la moindre idée de ce que c'est que le droit de notre pays, tel qu'il est pratiqué dans nos cours indigènes, non plus que de la langue, des usages ou des coutumes du peuple ». Ce qui mène notre auteur à demander si « c'est à ces gens-là qu'on lance pêle-mêle et sans préparation parmi les Orientaux. qu'on s'en remet du soin d'épurer et d'adoucir aux yeux du peuple une justice dont la source n'est malheureusement que trop souvent souillée ?,.. D'après l'expérience que nous en avons faite, la classe des avocats anglais ne forme pas par elle-même un corps d'hommes qui puissent repourvoir efficacement le barreau égyptien. Il y a dans notre système judiciaire égyptien bien d'autres défauts saillants, que seule une enquête comme on l'avait proposée à la Chambre des Communes aurait fait voir au grand jour. Je comprends sans peine les raisons de la résistance obstinée qu'on y a opposée et y opposera sans doute encore, tant que les personnes qui occupent les postes en vue ont à redouter que cette enquête-là, si elle va sonder trop profond et trop indiscrètement, n'étale d'une façon désagréable l'état de désolation du pays ».

Venons-en maintenant aux salaires des juges indigènes. « On en voit qui sont gratifiés magnifiquement de 25 L. E. par mois. C'est une dérision, dans un poste élevé. Comment exiger l'intégrité absolue du caractère, et pourtant c'est ici une condition vitale, d'un barreau qu'on réduit arbitrairement à la condition humiliante d'une quasi indigence, qui ne lui permet pas de tenir son rang décemment ; surtout si l'on songe que l'Egypte porte encore la tache de l'immémoriale coutume du baqchiche ? Comment demander à ce barreau de rester honnête ? Chacun sait qu'il ne le reste pas, voilà ce que des années d'expérience m'autorisent à dire ». Là-dessus il mentionne en passant le fait qu'on en voit assez qui, faisant une besogne de commis, sont tenus de s'habiller avec soin et d'être honnêtes « et qu'on a vus cinquante ans sous le harnais avec un salaire d'à peine huit piastres, c'est-à-dire deux francs par jour et qui encore se voient frustrés de ce traitement de famine les vendredis et autres jours fériés où la Cour ferme ses portes, et malgré que les loyers et l'existence en général aient tellement renchéri, puisqu'elle a doublé dans les dernières années... n'est-ce pas absurde » demande encore notre auteur « que les employés touchent soixante francs par mois, quand le personnel des garçons, huissiers, etc., arrive à 2, 3 et 4 L. E. par mois ? »

Ou encore : Commençons tout en haut. Nous y trouvons

que les Juges de la Haute Cour Ecclésiastique reçoivent de 40 à 50 L. E. par mois, tandis que, contraste qui 'frappe, les Juges des tribunaux inférieurs ne touchent que 12 L. E. par mois, quelques-uns seulement 6 L. E. En outre, le 90 % des commis des tribunaux n'ont que 3 à 4 L. E. par mois. Le gouvernement a fait la sourde oreille aux pétitions répétées de ces employés qui demandaient une augmentation de pitance. On a, il est vrai, annoncé qu'un crédit de 120,000 L. E. était alloué à des augmentations de salaires, mais on en exclut expressément les fonctionnaires des Cours ecclésiastiques... *apparemment dans le dessein d'arriver à faire de ces tribunaux des types de corruption native...* De tels exemples jettent le discrédit sur la justice ainsi travestie au seuil même des Cours et font mal augurer de ce qui doit se passer à l'intérieur.

Peu importe : pour manifestes que soient de tels abus, votre bon peuple anglais continuera de s'étonner que notre pays soit encore rongé de la plaie du bakchiche, et donne un si triste démenti aux efforts que font, pour l'assainir, les autorités britanniques ! Il est bien plus étonnant que le maudit usage ne se soit pas enraciné deux fois plus fortement. »

Sans pouvoir donner de renseignements précis sur les salaires actuels des Juges britanniques en Égypte, il est hors de doute pour nous comme pour tout le monde, qu'ils sont extravagants. Il est de tradition en Grande-Bretagne d'allouer aux Juges des traitements qui en tout autre pays sembleraient déraisonnables. Ainsi le Grand Chancelier touche dix mille L. par an, chacun des Lords de la Cour d'Appel six mille L., le Maître des Rôles six mille, les juges cinq mille chaque, les juges de la Chancellerie, etc., (à l'exception du Lord Chief Justice qui a huit mille L.) cinq mille L. chaque. Un seul Juge en Angleterre a moins de cinquante ans ; huit sont âgés de plus de septante ans. Il n'y a guère que trente-six Juges en Angleterre ; en Égypte (y compris les tribunaux mixtes) il n'y a pas moins de cinquante-six Juges européens et environ cent-soixante-huit égyptiens, outre quelque chose comme cent-cinquante substituts, tous égyptiens.

La Justice, à l'heure actuelle, est administrée par un quadruple système de tribunaux qui sont tous, à la seule exception des tribunaux consulaires, sous la surveillance du Ministère de la Justice ; et le Ministère comprend un Conseiller britannique, un Conseiller Khédivial, un Substitut du Contentieux, un Directeur du Personnel et des Comptes, ainsi que, formant le Comité de surveillance judiciaire, un Président britannique, un membre, un Inspecteur en Chef, et six Inspecteurs ordinaires, tous largement rétribués.

Ce quadruple système est formé à son tour par :

1° Les Mehkemé ou Cour des Cadis, qui pratiquent le Droit musulman du Rite Hanafite.

2° Les tribunaux indigènes composés de juges indigènes et étrangers auxquels ressortent les procédures criminelles contre indigènes et la procédure civile dans les cas où les parties sont toutes deux sujets égyptiens.

3° Les tribunaux mixtes *) fondés en 1876 et qui ont dans leur ressort surtout les causes civiles tant entre étrangers de diverses nationalités, qu'entre étrangers et natifs.

4° Les Cours consulaires (que les traités accordent à quinze états étrangers) ayant la juridiction criminelle sur leurs nationaux et prononçant au civil dans les causes entre leurs propres nationaux.

Le mécanisme étant aussi compliqué, il ne faut pas trop s'étonner si la loi ne parvient pas à rendre la justice. Les crimes s'accroissent. Voici ce qu'en dit M. Moseley : « La recrudescence déplorable des crimes dans les provinces forme un sujet trop compliqué pour le traiter ici au courant de la plume ; mais il n'y a pas l'ombre d'un doute que l'insécurité était à son comble au moment même où il semblait dans la vie publique entrevoir un avenir plus brillant. A peine un jour qu'on n'annonçât de quelque part un horrible crime. C'est au fort de l'été que les crimes devenaient fréquents, chose qui n'est pas sans signification. Quand la chaleur devenait accablante, le bras de la justice faiblissait en quelque sorte et le mal lui gagnait la main.

*) Ces tribunaux mixtes internationaux sont dûs à l'initiative du ministre égyptien des Affaires Etrangéres qui sut les faire accepter par les représentants des Puissances ; mais les écrivains égyptiens ont élevé contre eux des critiques sévères. Voici comment l'auteur du Pays des Pharaons s'explique sur le rôle joué par Nubar-Pacha :

« On ne peut pas mettre en doute que les intentions de Nubar-Pacha, en établissant ces Cours, n'aient été celles d'un patriote et pourtant on a peine à ne pas soupçonner ce patriotisme de n'avoir pas été absolument désintéressé. C'est sans doute vrai qu'avant qu'on eût ces tribunaux, l'Européen se rendait le droit à lui-même ; et comme cette catégorie d'aventuriers pour qui l'Egypte était une plantureuse réserve de chasse, était loin de se distinguer par ses principes moraux, l'Européen, invariablement assisté — sans qu'il y eût même parti-pris avoué — par le représentant diplomatique de son pays, ne manquait jamais d'exercer une spoliation ou au détriment de l'Etat ou à celui du particulier indigène.

» On comprend sans peine qu'il fallait saluer comme une bénédiction pour l'Egypte l'avénement d'une institution destinée à prévenir de tels abus diplomatiques. Malheureusement la suite l'a montré, ces tribunaux mixtes, bien loin de supprimer le mal, ont organisé en système et en loi les spoliations et les injustices des Européens. L'Etat lui-même n'a pu se soustraire à leur tyrannie. Prenez par exemple la façon dont ont agi les Commissaires de la Dette français et russe.

» Au moment de l'expédition de Dongola, pour subvenir aux frais, le Gou-

Au mois de juin, de juillet et d'août, le Khédive, Lord Kitchener, les Conseillers, les Ministres, quantité de fonctionnaires, étaient en vacances, et leur départ semblait aiguillonner les malfaiteurs. On entendit proposer très sérieusement de réintroduire la courbache, comme moyen de répression. Cette punition est redoutée des indigènes, c'est assez vrai; mais l'opinion publique aurait vu avec déplaisir qu'on reprît un système qu'on était si fier d'avoir aboli.» S'il en est ainsi, que dites-vous de la flagellation infligée impitoyablement à des indigènes par la chaleur terrible de la mi-été, sans rien pour couvrir la tête et le corps ensanglanté de ces malheureux paysans, et cela, parce qu'un officier anglais en quête de gibier est tombé mort d'un coup de soleil, après avoir lui-même blessé d'un coup de feu une femme indigène, ce qui lui a attiré une volée de coups qu'il a tout fait pour mériter, si l'on sait jamais tout ce qui s'est passé là. Est-ce que, dans cette terrible conjoncture, l'opinion publique a saisi une occasion si favorable de s'exprimer contre la brutalité, la barbarie d'une pareille vengeance! Non, n'est-ce pas? M. Willmore demande que nous soyons impartiaux.

Dans tous les cas où l'on a cru qu'offense réelle ou imaginaire avait été portée à un sujet britannique, ou à des intérêts qui touchaient l'Agent britannique, on ne peut certes taxer la justice britannique en Égypte de relâchement, tant qu'il s'est agi de punir un natif. Lord Kitchener en personne, à ce que nous rapporte M. Moseley, le prenait parfois de haut avec M. Maspéro; on l'a de la bouche de celui-ci : « J'ai soutenu parfois des discussions avec Lord Kitchener pour des questions administratives, où il s'agissait de contraventions à la législation sur les antiquités. Lord Kitchener était pour qu'on appli-

vernement égyptien requit des Commissaires de la Dette un prêt de 500.000 L. E. à prendre sur le fonds des Recettes générales accru depuis plusieurs années. A la majorité de quatre voix contre deux, la requête fut approuvée. Mais les Commissaires français et russe, minorité intraitable, intentèrent une action immédiatement devant le Tribunal mixte du Caire et obtinrent un prononcé contre le Gouvernement. La petite quantité que procurait ce surplus de recettes, propriété légitime du Gouvernement égyptien, avait à être restituée aux Commissaires de la Dette, des étrangers. Le Gouvernement porta l'affaire devant la Cour d'Appel, mixte elle aussi ; le jugement fut confirmé et l'Égypte eut à rembourser ses propres espèces aux Commissaires et dut à cet effet contracter auprès du Trésor britannique un emprunt de 800.000 L. E. au 2 ¾ %.

» Si donc, « estime Duse Mohammed », le Gouvernement s'en trouvait aussi mal d'avoir à faire au Tribunal mixte, à quoi le simple particulier indigène pouvait-il s'attendre dans un litige avec un Européen ? »
Toutefois, chacun convient que depuis lors l'œuvre de Nubar-Pacha a subi d'importantes améliorations.

quât la loi à la rigueur, et souvent il exigeait la prison là où une amende était une sanction suffisante ». Voilà un exemple de cet « entrain militaire » dont nous avons parlé plus haut; aussi, de la justice britannique.

En voici un autre :

M. Moseley nous raconte un petit fait arrivé, sous ses yeux, sur la route qui va du Caire aux Pyramides. Il voyageait dans le panier de la motocyclette d'un de ses amis, qui faisait une course pour «battre le record». Les policiers de service sur la route ne faisaient certainement pas leur devoir en permettant à ce Monsieur d'aller à toute vitesse sur une voie publique et en leur prodiguant par dessus le marché les marques de respect et d'humilité. Mais voilà qu'au retour, un petit Arabe demi-nu monté sur un mulet têtu et évidemment effarouché par le bruit et l'allure de cette espèce de machine infernale gigantesque, menée par un véritable cochon-des-routes (comme les appelle le peuple qui a trouvé ce nom pour le fléau de l'Egypte, typique en même temps de ceux de sa race) — a la malchance de croiser « le britannique coureur du stade » près du milieu de la route, demi aveu qui donne à penser que l'homme à la motocyclette voulait ou toute la route ou au moins le meilleur pour lui. « Nous esquivâmes le petit Arabe par un léger à droite », dit l'auteur de : *«Avec Kitchener au Caire»*. Puis mon ami ralentit.» Il se demandait pourquoi, mais il sut bientôt pourquoi. Son ami ayant découvert un policier lui ordonna de planter là son poste sur la voie et de se saisir du misérable petit natif, qui avait tâché de décamper, qui faisait probablement une commission pour ses parents et qui fut emmené au *caracol* (poste de police); et l'ami en question ne négligea pas de prendre le numéro du policier. « Hein », dit-il d'un air de triomphe à M. Moseley, comme pour s'excuser d'une action lâche autant qu'abusive. «Ce policier sait que j'ai son numéro, et s'il ne pince pas l'enfant, c'est lui qui est pincé, j'en ai pris comme cela quatre cette semaine. » Il escomptait déjà les conséquences de l'affaire pour le gamin, autrement dit, « on lui mettra son mulet en fourrière trois ou quatre jours. » — « Mais », rétorqua l'autre, « c'est son seul gagne-pain » ? — « *Ça lui apprendra à se mettre en travers du chemin»*, dit le sans-cœur.

Voilà, je regrette de le dire, la façon dont se conduit la moyenne des jeunes Anglais en Egypte; et cela donne la note caractéristique de la justice comme elle l'entend. Aucune cour de justice, ni aucun déploiement de lois n'y feront rien en Egypte, et la justice ne sera pas rendue, tant que de telles choses peuvent s'y passer tous les jours. Et voilà aussi, comme nous le dit l'auteur de cet extrait, pourquoi l'Anglais est détesté.

Non-seulement il l'est, et cordialement, mais il ne lui arrive même pas de se douter quelle méfiance on a de lui. Trop souvent, sans le vouloir peut-être, il manque d'équité.

Le *Misr*, journal Copte qui se publie au Caire, attirait l'attention du public sur les injustices que les Anglais en Egypte favorisent sous le titre de « corvée » ou main-d'œuvre par contrainte, abrogée officiellement, mais ressuscitée où et quand on en a besoin. Ce journal s'exprimait comme suit : « On se plaît à croire » — M. Willmore lui-même nous y rend bien attentifs — « que la corvée dont le joug a pesé sur l'Egypte pendant tant de siècles, a disparu. Pas du tout, elle existe encore, et des milliers de pauvres diables en portent le poids dans le 20e siècle si éclairé. L'espèce de corvée dont nous voulons parler consiste à forcer des milliers de personnes à laisser là leurs moissons, leurs travaux, pour monter la garde aux digues du Nil, pendant la crue, jour et nuit... Si encore cette corvée était imposée à tout le monde, sans distinction de classe, avec ordre et justice, elle prêterait moins à la critique et l'on pourrait encore s'y faire quelque peu. Mais il faut par malheur que ce ne soient que les pauvres qu'on y convoque ; quant aux gros propriétaires, les premiers pourtant à bénéficier des fatigues des garde-digues, on ne s'avise pas de les incommoder; les pauvres ne sont-ils pas leurs serfs?

» Il est d'une *injustice flagrante* de tolérer pareil état de choses, incompatible avec les droits du citoyen... Le vice même de cette institution, c'est, pour que nul n'en ignore, que entre les mains des omdé, cheikh, et autres notables, c'est un moyen assuré de vexer le pauvre diable de fellâh et de faire leurs petites vengeances privées... Il y a de ces tyranneaux qui profitent même de ce que l'homme de corvée est loin pour s'approprier son bien... Le gouvernement ne cesse d'annoncer qu'il envisage la suppression de ces corvées, qui seront remplacées por un système d'affermage, mais pour le moment on ne voit rien venir. Le gouvernement aurait peu de chose à faire pour alléger ce lourd fardeau des pauvres gens. Il est de son premier devoir de mettre fin aux corvées.

L'auteur de cet article se plaît à espérer que le ministre de l'intérieur, (qui comme nous l'avons montré n'est en fait pas autre que le Conseiller britannique) fera preuve d'équité en faisant participer riches et pauvres indistinctement à la corvée, qui est de bien plus de profit pour les premiers que pour les derniers, en attendant le moment où le pays sera débarrassé de tout le système. Car, (pour terminer par le mot le plus problématique qu'il place ici), « égalité d'injustice, n'est-ce pas justice ? » — vieux proverbe égyptien !

On a toujours voulu croire que c'était l'abus de la corvée

qui la faisait odieuse. Le Consul britannique au Caire écrivait en 1871 : « Si l'on part du fait que l'entretien des canaux au niveau voulu est le grand désideratum dans ce pays, et que sans cela tout y devient un désert, je ne vois pas où est l'injustice de demander *à tous* de faire leur part dans ce qui est si essentiel pour le bien-être du pays. » C'est très juste. Ce dont se plaint plus haut le *Misr*, c'est que ce n'est pas tous, mais rien que les pauvres, qui doivent faire leur part. Ci-devant les riches pachas, vice-rois et autres fonctionnaires, abusaient de la corvée en forçant le misérable fellah à travailler sans aucune rétribution, et pour s'assurer l'obéissance, on avait recours à la courbache. Donc du moment que vous abolissez la corvée, la courbache doit tomber du même coup, elle n'a plus d'emploi.

M. Willmore dit ceci : « Sitôt après l'arrivée de Lord Dufferin en Égypte, l'emploi de la courbache fut interdit. » Or, c'est Lord Dufferin qui a porté ce jugement-ci sur la question connexe de la corvée et de la courbache : « un de ces maux qu'il est impossible de supprimer tout à fait. » Et l'auteur du « Pays moderne des Pharaons » clôt sa brochure par l'extrait d'une lettre, conçue à l'éloge de Lord Cromer, à qui elle est adressée « probablement par un Ouléma», qui contient ces paroles : « Les portes du temple de la justice sont aujourd'hui ouvertes aux pauvres. Les humbles sont élevés, les grands et les riches obéissent à la loi. La main de l'oppresseur et celle du corrupteur sont arrêtées avant que d'avoir pu accomplir le mal. » Ces termes : « probablement un Ouléma » sont vagues et ne nous persuadent pas ; du reste il serait aisé d'apporter au débat le témoignage écrit d'une quantité d'Oulémas qui ferait entendre un tout autre son de cloche que celui du soi-disant « Ouléma » de M. Willmore.

Un écrivain égyptien qui a la veine sarcastique mais qui dit souvent la vérité, prétend que pour abolir la corvée et rétribuer le travail du paysan, Lord Cromer employait les espèces « qui auraient dû être laissées au paysan en soulagement d'impôts », et que cela n'a guère à voir avec la justice. D'autre part Roussot-bey, Ministre des Travaux Publics en 1883, se plaignait dans un Rapport officiel de ce que « le recrutement des hommes de corvée se faisait plus difficile de jour en jour grâce à la diffusion d'idées qui tendent à réprouver les moyens coercitifs et à dépouiller les autorités administratives de moyens d'action qui malheureusement lui sont indispensables à l'heure actuelle. » Et deux ans plus tard Sir Colin Scott Moncrieff, disait : « On n'arrive pas à faire le travail qu'il y a à faire sans la corvée, et les officiers des districts disent qu'il est impossible d'augmenter les corvées sans la courbache. »
Dans son rapport de 1892, Lord Cromer se targue de la

prétendue abolition de la corvée, tout en ajoutant, avec une modestie touchante : « Pour prévenir tout malentendu, je tiens à ce qu'on sache que quand je parle de l'abolition de la corvée, j'entends par là la substitution du travail volontaire au travail par contrainte, pour les ouvrages annuels du nettoyage des canaux. Le travail par contrainte existe encore dans le cas où il faut, du fait d'une crue exceptionnelle du Nil, parer à l'inondation. » Avec tout cela, l'esprit du simple profane ne s'y reconnait plus et ne sait plus ce qui est « volontaire » et ce qui est « contraint », du moment que les hommes d'Etat baptisent le blanc et le noir du même nom et s'ingénient à les faire passer pour une seule et même chose. Au moins, notre extrait du *Misr* ci-dessus n'en est devenu que plus intelligible à nos lecteurs.

Et malgré tout, M. Willmore argumente encore avec toute la gravité dont il s'est imprégné dans sa carrière judiciaire : « que trente-deux ans ne représentent pas un espace de temps bien long quand il s'agit d'un pays où tout est à créer, les mentalités comme les institutions. Aujourd'hui, la justice règne, égale pour tous. Un pacha est tenu de se conformer à la loi, comme le plus pauvre des habitants. Les peines sont les mêmes pour tous. » C'est malheureux, mais, comme nous l'avons vu, cette assertion ne s'étaie sur rien, nous devons le dire à Monsieur Willmore, avec le plus sincère regret. Tout le mécanisme des lois est entravé par l'injustice et par la corruption. Citons encore M. Moseley qui parle de l'année 1917. » La corruption fleurit dans les services publics, d'une façon indéniable à quiconque veut ouvrir les yeux, et rien n'est plus triste que de voir les autorités au lieu de faire les enquêtes immédiates, serrées, publiques, des cas qu'on leur signale, pencher à étouffer ce qui les gêne... Il y a eu en deux ou trois occasions, des bruits répandus, persistants et graves, d'indiscrétions commises par des fonctionnaires en vue dont le public attendait au contraire qu'ils veillassent particulièrement sur leurs actions. « Un peu plus loin, traitant du même sujet, il affirme que « il n'y a pas à douter que, dans d'autres cercles du service du gouvernement, on pratique les moyens de corruption sans se gêner. Quelles mesures Lord Kitchener a-t-il prises contre ce mal grave, on l'ignore. Quelques exemples publics nous en auraient fourni un indice. De grands publicistes ont bien préconisé, comme remède salutaire, l'augmentation des salaires. Devons-nous y croire ? Si un haut fonctionnaire est corrompu, il acceptera des sommes d'autant plus fortes. Tandis qu'un simple commis se contentera de sommes moindres que, disons, son chef ne le ferait. »

« Il va sans dire qu'il y a du mieux depuis ces beaux jours

de printemps» (autrement dit ces jours d'avant ou contemporains de l'occupation), c'est ainsi que M. Moseley termine son chapitre sur la « corruption en Egypte ». Il n'y avait pas d'alternative: si les fonctionnaires anglais ne parvenaient pas à améliorer l'état de choses, c'est qu'ils étaient venus pour rien en Egypte. Mais on peut craindre aujourd'hui que la situation calme et heureuse jusqu'à un certain point que nous avons donnée à l'Egypte, ne la fasse se bercer, par contre coup, dans un fatalisme morbide en ce qui concerne ces choses. La vigilance jalouse qui était l'âme des réformateurs des premiers jours, — hommes aguerris au labeur et aux dangers nuit et jour — semble se relâcher quelque peu. »

« Rendre la justice a toujours été en Egypte une chose ardue, par suite de l'existence des capitulations », nous dit M. Willmore ; sur quoi, après avoir décrit les différents tribunaux, comme nous venons de le faire, il note : « La confusion qui s'ensuit parfois est aisément imaginable... Toute loi concernant les étrangers, doit, en outre, avant sa promulgation recevoir l'approbation des quatorze ou quinze puissances européennes intéressées... Nous devons toutefois faire remarquer incidemment que l'Allemagne et l'Autriche ne contrarièrent que très rarement les efforts des législateurs anglais. Au contraire elles reconnurent de suite leur bonne foi et s'employèrent à faire accepter par les autres puissances les réformes qu'ils proposaient dans l'intérêt commun. »

Quand Lord Kitchener arriva en Egypte, on croyait pouvoir attendre de lui qu'il s'attaquerait carrément à cette question des capitulations qui de l'avis général, ont mis obstacle à des réformes judiciaires d'une vaste portée non moins qu'à des réformes sociales ; parce que, retranché derrière ce rempart, tout Européen, quelle que soit l'importance de son individu ou de la nation à laquelle il se trouve appartenir, n'a qu'à se réclamer de son Consul pour créer tous les embarras possibles et arrêter le progrès. Mais ceux qui vivaient de cette espérance durent bientôt en rabattre; Lord Kitchener se borna à indiquer comme désirable « la réforme intégrale de la justice mixte », pour la raison que « sans cette réforme préalable on ne pouvait faire un pas en avant ».

Les capitulations ont servi de bouc émissaire à tous les gouvernements britanniques qui se sont succédé en Egypte, pour se disculper de tout ce qui arrivait de fâcheux. Citons à ce sujet M. J. M. Robertson : « Quand on faisait parler Lord Cromer sur les revers de médaille de sa brillante administration, il ne manquait pas d'alléguer les *Capitulations*, autrement dit l'ensemble de privilèges plus ou moins fâcheux accordés à des nations étrangères et qui sont prépondérants dans les rapports qu'ont les sujets de ces nations avec la loi égyptienne... Si nous en sommes encore là, ne serait-il pas plus simple à nos impérialistes de boucler l'ancien compte et d'en ouvrir un nouveau et d'avouer que notre administration a été incapable d'assurer à l'Egypte quelques conditions élémentaire d'un bon gouvernement? On a bien de la peine à croire qu'un gouvernement indigène aurait échoué plus piteusement dans cette tâche, au cours des quinze dernières années.»

Ces lignes étaient écrites en 1908. Peu auparavant, l'ami égyptien de M. Robertson lui avait écrit: Tous ceux que j'ai consultés sont d'accord sur ce point, que l'organisation judiciaire de notre pays est bien trop compliquée, encombrée, et que, à tout prendre, c'est le côté le moins heureux jusqu'ici de l'administration britannique, pour les raisons que j'ai tâché de vous faire valoir ». Quant à M. Willmore il écrit: » La justice indigène est maintenant rendue en Egypte d'une façon rapide et consciencieuse, dont chacun se félicite ; d'autre part les évènements qui se déroulent actuellement permettront d'apporter, sans aucun doute, un changement aussi radical qu'avantageux dans la juridiction à laquelle sont soumis présentement les étrangers. L'unification du système judiciaire sera bientôt accomplie et ce sera le glorieux couronnement des efforts inlassables des *législateurs* britanniques. » Et pourquoi a-t-on tant tardé à gagner ces lauriers qu'on disait assurés? L'Allemagne et l'Autriche ne désiraient rien tant que ces réformes, et un regard sur la carte actuelle de l'Europe nous enseigne que c'étaient les pays dont il fallait tenir le plus grand compte; on ne voit pas de quel poids dans la balance étaient les rebuts du Levant ni ce qu'ils avaient à y voir, juste parce que c'était eux, associés à certains éléments méditerranéens, à toujours faire de l'opposition.

On aura remarqué ci-dessus que M. J. M. Robertson désigne les capitulations comme des « privilèges ». Dans un traité de commerce conclu en 1579 entre l'Angleterre et la Turquie, il y avait certaines clauses qui garantissaient la sécurité des marchands dans l'Empire ottoman, leur permettant d'y voyager, leur accordant la liberté de religion, l'exemption des impôts, le droit des étrangers d'être jugés dans les contestations qui s'élevaient entre eux par leurs propres Ambassadeurs ou Consuls, etc. Par la suite d'autres privilèges s'ajoutèrent à ceux-ci. Depuis le moment où les Capitulations furent des privilèges tout uniment, leur *modus operandi* s'est transformé insensiblement, de même que leurs modalités, jusqu'à l'explosion de la guerre actuelle, où elles se trouvaient être, et déjà depuis plusieurs années, des droits et non plus des privilèges, par lesquels on éludait au civil comme au criminel la juridiction des Cours musulmanes. Comme de juste, des abus se glissèrent à la suite les uns des autres, et le système judiciaire devint une vaste farce.

Le Code Pénal et le Code de Procédure criminelle en vigueur dans les Cours indigènes se basent sur les Codes français. Pourquoi cela ? Trop longtemps l'Egypte a été, comme disait un écrivain égyptien éclairé » un terrain d'essai pour y légiférer à l'européenne à tort et à travers, avec le moindre des soucis, des coutumes et des traditions indigènes. » Toutes les tentatives qu'on a faites de réviser à fond ces lois, ont échoué, et le résultat de tout cela est un Code qui n'est apprécié de personne, surtout pas des Egyptiens. Les autorités britanniques avaient écarté l'ancien système de rendre la justice et lui avaient substitué des cours, qui dans leur esprit, devaient être de serviles imitations des tribunaux français. Un juriste français dressa les principaux articles du projet, et d'autres juristes anglais y mirent des pièces de ci des pièces de là, tant et si bien que l'on ne voit plus trace d'un plan d'ensemble. Les plus judicieuses dispositions de la loi sont de peu de secours même dans leur fraîcheur première, d'aucun quand vient encore l'épreuve du temps, à moins qu'elles n'aient un principe de vie qui est l'âme même du peuple pour lequel elles ont été élaborées, son caractère, ses usages, son sentiment religieux, ses coutumes immémoriales. Votre but doit être en Egypte de rendre bonne et brève justice. L'Egypte aura de faibles grâces à rendre à l'Angleterre, si l'association toujours plus étroite entre les deux pays lui met le carcan du Code Napoléon avec toutes ses finesses ou, selon le cas, de vos méthodes judiciaires britanniques. La nuée de bureaucrates mal payés que vous fourrez dans les Cours de justice est un des maux dont le peuple souffre le plus. Plus nombreux et moins bien payés ils sont, plus il y a de prévarication et le peuple se fait piller. Vous devez avoir pour objet de réduire en nombre cette classe-là, de lui fournir des moyens indépendants, et par le fait que vous donnerez au juge même tout le travail essentiel, d'enlever aux autres l'occasion d'exercer une influence corrompue sur les opérations de la Cour.»

N'est-ce pas Montesquieu qui a dit : « qu'il est vain d'attendre aucun bien de transplanter les lois et les institutions d'une nation chez une autre qui en diffère par la race, les qualités morales et mentales, les antécédents historiques et la condition physique ». Montesquieu est certainement dans le vrai, et cela ne s'applique nulle part mieux qu'à l'administration anglaise en Egypte.

Faute d'avoir des égards pour une race et une religion qui sont différentes des nôtres, notre administration en plus d'une occasion s'est exposée au mépris des Egyptiens et à leurs yeux a jeté sur nous un discrédit durable. Un cas des plus frappants est celui de leurs insistance à exiger l'exécution du jeune Musulman, Ibrahim Wardani (condamné pour avoir assassiné le Premier Ministre Boutros-Pacha), malgré que le Grand Moufti se refusât à donner le « fetva ». Aux termes de la loi coranique, ce « fetva » est indispensable pour procéder à l'exécution d'un condamné. Un moyen de droit prévu par cette loi permettait au Grand Moufti de refuser le « fetva », et il en fit usage. Nonobstant, Wardani fut pendu. Dans une note au bas d'une page au « Pays des Pharaons » nous lisons que « l'acte émané du Grand Moufti porte que : Wadani ayant été jugé par les autorités civiles et condamné en dehors de tout égard à la jurisprudence islamique, cette procédure était, aux termes de la loi coranique, irrégulière, et qu'il ne lui était pas possible d'accorder le « fetva ». — Voilà qui établit bien le mécanisme compliqué de la loi en Egypte, et montre combien l'Angleterre est malavisée dans sa façon de s'immiscer dans les coutumes et les traditions religieuses des habitants musulmans. Il va de soi que, Boutros-Pacha étant Copte, c'est-à-dire chrétien, cet assassinat par un Musulman servit de prétexte à ceux qui voulaient y voir un attentat à la religion des chrétiens, ce qui est loin d'être vrai, comme nous le verrons.

Une autorité égyptienne à qui nous sommes redevables de bien des éclaircissements sur cette question de la justice en Egypte, a écrit ces mots : « L'expérience de la loi française a été faite ici pleinement. Est-il sorti de cette expérience des bienfaits pour la population native ? Il en est sorti tout autre chose, voilà ce que peuvent attester tous ceux qui ont la vue exacte des choses. La vérité toute crue, c'est qu'on a renversé les traditions de ce pays et que le sol où elles plongeaient leurs racines est envahi par la croissance funeste d'une plante étrangère dont les proportions font un danger, et dont les branches étendues forment comme une voûte ténébreuse et pesante au-dessus de ce peuple assis dans l'ombre... Il n'y a que ceux qui sont familiarisés avec l'esprit des indigènes qui peuvent leur apporter les remèdes à leur portée. Otez donc les liens dont les enserre une judicature trop ingénieuse, et ils se tireront d'affaire eux-mêmes. »

Si un lecteur impartial désire encore une preuve qu'en Egypte la justice n'est guère qu'un vain nom, reprenons les capitulations et voyons quelle sorte de « justice » l'Européen entend par ce terme. M. Moseley nous en relate un exemple, dans ce qu'il désigne comme « l'un des plus grands scandales dont se soit occupé l'esprit public sous le régime de Lord Kitchener en Egypte », il s'agit de l'affaire Adamovitch. Monsieur Willmore s'y intéressera d'autant plus qu'il nous **répète** que, s'il y a de la sécurité en Egypte, on la doit à l'influence du pouvoir britannique. Laissons parler M. Moseley. « Un grave scandale pour plus d'une raison, et non la moindre, ce fut l'attitude incompréhensible de l'Agent britannique. Voici une injustice flagrante, qui est commise sans que personne lève la main pour défendre la victime. Voici de plus, dirai-je un exemple lumineux à souhait des révoltantes contradictions de ce système même par lequel nous avons prétendu travailler à la réformation de l'Egypte, sans qu'un mot soit tombé des lèvres officielles. Par une chance tout-à-fait fortuite je surpris la trace d'un odieux trafic que des consuls étrangers, de petits autocrates, faisaient de leurs co-nationaux et dans un pays que nous passions pour mener à notre guise. Une fois tenant le fil de cette iniquité, aucune puissance, même en Egypte ne pouvait m'empêcher de la signaler à l'attention de ce qu'il y a d'esprits éclairés dans les autres pays. Ce premier devoir du journaliste on employa toutes les influences pour me détourner de le remplir. Il y eut menaces, qu'on allait mettre à exécution ; mais il était trop tard. Le fil télégraphique avait joué, et une question faite avec vitesse au Parlement fit avorter ces menées. » Suit la relation même des faits, que nous sommes forcés de résumer, tout en gardant une place aux extraits que nous croirons devoir en faire.

Un journal de Londres avait raconté l'arrestation à Alexandrie d'un certain Adamovitch, que la police égyptienne avait arrêté, à simple requête des autorités russes, qui n'en donnaient pas d'autre raison. « Il parait donc qu'un consul étranger était en droit, à simple requête, sans explication, de donner des instructions à la police égyptienne aux fins d'arrêter une personne quelconque et de la jeter dans une prison égyptienne. » Ouvrons ici une parenthèse pour avertir ce lecteur qu'il y avait eu à cette même époque une autre affaire connexe avec celle-là. Un certain Russe nommé Youritzine, ami de Maxime Gorki et de Tchérikoff, qui venait de passer six ans en Egypte, à Helouan, près du Caire, adonné à des recherches botaniques, et scientifiques, était filé par les limiers russes. Ci-devant inculpé de délits politiques en Russie, on l'y avait gardé trois mois en prison, puis libéré à la suite d'enquête, et il était venu refaire sa santé en Egypte, la prison l'ayant rendu souffrant.

Un beau jour, profitant de son absence, le nouveau Consul russe au Caire accompagné de policiers, se présente à son domicile et fouille partout « en dépit des protestations indignées de Madame Youritzine. Ils emportèrent lettres et papiers et le jour suivant M. Youritzine fut cité en bonne et dûe forme au Consulat, sous peine d'être contraint par l'autorité locale,

Il comparut sans faute, et se vit soumettre à un interrogatoire long et serré qui du reste, pas plus que la perquisition, ne donna prise sur lui et l'on fut forcé de laisser aller le Russe, cette fois au bout de ses peines.» On l'inculpait de complicité avec Adamovitch, mais il niait énergiquement, déclarant ne l'avoir même jamais vu.

Adamovitch, Russe lui aussi, avait organisé ci-devant, en 1906, la grève des matelots russes, qui manqua. « L'organisation fut rompue, le chef arrêté et incarcéré ». Au bout de quelques mois il réussit à s'évader, s'enfuit à Constantinople et de là — à la veille de la guerre des Balkans — vint s'établir à Alexandrie, où il était à la veille de terminer les préparatifs pour fonder un Home des matelots et un journal intitulé le *Morak* (Matelot) quand il fut de nouveau arrêté, sans avertissement, ses papiers confisqués, et lui-même ramené à Odessa, en l'absence d'enquête. « En Egypte » disait à M. Moseley un résident européen très connu, « on ne peut jamais se dire en sécurité ». Ce qu'on a l'air d'oublier, c'est que ces abus criants ne sont possibles que du fait des capitulations... Tout ce qu'il y a de sérieux dans la presse égyptienne a rendu attentif qui de droit aux dangers du pouvoir dont sont revêtus, dans les circonstances actuelles, les Consuls européens chacun en son particulier. » Ceci dit, M. Moseley reprend : « Nous persévérâmes dans nos efforts, en dépit des oppositions, et eûmes la chance de faire venir au jour d'autres scandales du même genre... La première chose qu'avaient faite ensuite les autorités russes, c'avait été de mettre la main dans la correspondance d'une personne qui avait des sympathies pour ceux qu'on avait arrêtés », — il s'agit d'un nouveau cas, celui d'un nommé Vladimir Tchirsky — mais cette fois-ci la victime était sujet anglais, il fut moins difficile d'obtenir justice.

Des protestations affluant de toutes parts furent la meilleure réponse aux excuses par lesquelles l'Agent britannique tentait de se justifier, disant que les lois en vigueur autorisaient ces violations flagrantes de la plus élémentaire justice, tant que les gouvernements étrangers ne se seraient pas concertés pour abolir ou modifier ces lois-là. »

Ici nous rangerons un autre cas qui fait l'exact contrepoids des précédents et quoiqu'il s'agisse de nos ennemis d'à-présent, nous devons à l'équité de le publier, parce qu'il fait voir comme aucun autre les raisons par devers soi qu'avait un homme à poigne comme Lord Kitchener, de laisser aller les choses, à certains moments, raisons qui revenaient à celle-ci : l'utilité politique du moment. Ce n'était du reste pas le premier cas de ce genre, où le gouvernement britannique tolérait des dénis de justice pour des fins politiques. « Ce n'est pas tout. Peu de jours après, les Russes commencèrent leurs exploits en dévalisant la chambre à coucher d'un mécanicien allemand, nommé Ludwig, qui était le représentant d'une maison de linotypes de Berlin ; ils avaient pris ses outils pour un outillage de cambrioleur ! Le Consul d'Allemagne leur fit bientôt voir que, pour ce qui était de son gouvernement, il ne tolérerait pas cet outrage, capitulations ou pas. »

Quoiqu'il en soit, les prisonniers furent livrés et expédiés hors du pays « en conformité des capitulations égyptiennes », débarquèrent à Odessa le 18 juin 1913 (d'après la «Morning Post» du lendemain) d'un vaisseau de la flotte russe du Levant, et furent incarcérés dans la prison centrale... «Leur cas sera probablement jugé par une mesure de police administrative. » Qu'en sera-t-il advenu de ces pauvres diables ? C'est la première question qu'on se pose, mais malheureusement nous sommes incapables d'y répondre, à part ceci, que M. Moseley reçut un billet de son correspondant d'Odessa, qui disait qu'Adamovitch avait été logé au Pénitencier d'Odessa et que si, comme il était plus que probable, le cas était tranché par un simple «ordre administratif» comme on dit là-bas, il ne passerait pas devant un Tribunal régulièrement constitué, mais serait banni en Sibérie sans autre forme de procès. La presse locale est avertie de ne faire aucune mention de l'affaire. »

Comme pour proclamer l'impuissance des autorités britanniques à parer à ces anomalies scandaleuses, nous avons les remarques publiques de Lord Cromer sur ce sujet; on y trouve cet aveu terrifiant : « L'obligation légale du gouvernement égyptien de faire droit à la requête aux fins de livrer cet homme (Adamovitch) aux autorités consulaires russes, aurait été exactement la même *s'il n'y eût eu contre lui aucune accusation formelle.* » Le résultat de cet affaire a été néanmoins que la conscience politique anglaise a été frappée à l'endroit le plus sensible. Il a été démontré qu'un pays qui, sans être territoire britannique, n'en est pas moins occupé par une garnison britannique, et où prédomine l'influence anglaise, n'est pas un asile sûr pour un réfugié politique... Il y a longtemps que j'ai dit ce que j'en pensais, c'est que *la racine de tout le mal est le défaut d'un mécanisme législatif local, au moyen duquel on pourrait édicter des lois qui auraient force pour les habitants quelconques de l'Egypte, qu'ils fussent européens ou natifs.* Nous avons mis en italique les mots qui terminent cet aveu remarquable, parce qu'il n'y a pas de meilleur démenti à l'assertion de M. Willmore que les lois sont à la fois justes et les mêmes pour tous ceux qui demeurent dans le pays des Pharaons.

Le « Times » commentant les capitulations, disait à son tour : « Les Turcs, même à leurs époques de faiblesse, ont tou-

jurs su garder assez de vigueur pour prévenir des empiète-
ments dans le domaine des capitulations. En Égypte au contraire où la communauté étrangère avait su acquérir assez de
pouvoir et d'influence, on fit un tel abus des capitulations qu'à
l'époque de l'occupation britannique elles exerçaient une influence
désastreuse sur l'autorité indigène. L'étranger jouissait en Égypte
d'une liberté d'allures qu'il était en général loin d'avoir dans
son propre pays. Il échappait à la juridiction égyptienne et
n'avait à répondre de ses actes que devant les lois de son pays,
si son Consul voulait bien les lui appliquer. Le résultat était
comme il l'est encore, de paralyser le bras de la justice. »

Dans ses propres commentaires sur la question, Lord
Kitchener convenait que pas moins de deux-cent-huitante-trois
personnes avaient été mises en état d'arrestation par leurs propres Consuls dans l'espace d'une année, « un état de choses
bien propre à alarmer », dit M. Moseley. Lord Kitchener ne
dissimulait aucunement ce fait qu'un malchanceux de ce genre
pouvait parfaitement être incarcéré dans une prison égyptienne
sans jugement et pendant une durée indéfinie. Il faut en effet
expliquer au lecteur qu'en ce moment il y a bien peu de Consuls qui aient leurs propres prisons, si même il y en a. La
procédure usuelle consiste à traduire l'inculpé au Département
des Prisons de l'endroit. En fin de compte (si le cas est d'importance) on le rapatrie pour le faire juger par un tribunal
dans son pays, à moins que ce ne soit un Grec, auquel cas il est
jugé par sa propre Cour d'Assises en Égypte. Mais — où apparaît l'horreur de ce système — c'est que l'individu incarcéré
à la requête de son Consul dans une prison égyptienne est sus-
ceptible d'y demeurer détenu indéfiniment, sans forme de procès, et sans que le Gouvernement égyptien ait le mot à dire,
le Consul n'étant justiciable que de sa propre loi, dont la procédure est un mystère pour les autorités locales.

Quelque crime que commette un étranger en Égypte, à
moins qu'il n'y ait flagrant délit, il ne peut être arrêté par la
police indigène sans l'assentiment de son Consul et que le dit
Consul ou son délégué soit présent. Dans le flagrant délit, le
Consul doit être avisé sur-le champ et le délinquant lui être
livré dans les 24 heures. En règle générale, le Consul se présente et réclame l'individu immédiatement. Si un homme qui
est sous le coup d'une accusation élit asile dans la demeure
d'un étranger, il est hors des atteintes de la police. Il s'en
suit un long et fastidieux litige qui nécessite de plus, si la
maison n'est pas à un conational de cet individu, l'intervention
sur les lieux de délégués consulaires des deux nationalités.
Lord Kitchener lui-même, dont on a peine à s'expliquer l'extrême indifférence pour cette question des capitulations, a re-

marqué à plus d'une reprise que « l'effet de ces entraves à l'action de la police se comprend sans peine ».

Et, à en croire les « Daily News », le malheureux Adamovitch, s'écriait avec désespoir, au moment d'être ramené en Russie : « Plutôt être à moitié tué ici dans une prison égyptienne que de revenir devant la justice russe, même si je n'ai que le minimum de la peine ».

Dans le cas de Tchirsky, il languit pendant six mois en prison « en cours d'enquête ». Personne ne savait pourquoi il était arrêté. Le « Manchester Guardian » commente aussi ces Capitulations, à propos des injustices russes en Egypte, et prend délibérément parti : « N'embrouillons pas les choses. Passe encore que nous ne puissions pas empêcher les Russes de faire leurs petites saletés ; mais de tremper dans l'affaire nousmêmes, c'est tout autre chose. Dans la situation qu'a atteinte aujourd'hui l'Egypte, le maintien des Capitulations — est un énorme scandale, qu'il faut faire cesser. — Et jusque là, ne soyons pas les fauteurs de la dégradation de l'Egypte, en obligeant la police égyptienne à se faire le satellite des puissances étrangères et d'une justice qui est pire qu'étrangère. »

Le *Daily Graphic* n'y allait pas non plus par quatre chemins. « Dans le cas d'Adamovitch « disait-il : « Lord Kitchener ne saurait alléguer pour sa défense rien qui vaille. » Il a beau citer certains textes des Capitulations, il n'y a rien qui justifie la prétention des Consuls d'arrêter et de déporter leurs nationaux pour des crimes commis par eux dans leur patrie. Tant s'en faut qu'il fasse la preuve que le gouvernement ottoman ou le Khédivial a jamais fait abandon du droit souverain de donner asile aux réfugiés politiques... Pour tout dire, Lord Kitchener nous dépeint la façon de rendre la justice sous le régime des Capitulations avec des traits qui portent chaque Anglais à demander à quelle fin morale nos troupes occupent le Delta et nos hommes d'Etat conseillent et surveillent le gouvernement Khédivial... Ce sont des outrages qui atteignent à la racine même la notion britannique de justice, d'autant plus odieux qu'ils ne peuvent être palliés ni du fait de la lettre ni du fait de l'esprit des Capitulations ».

Le « Daily News », disait : Tout le monde sait que la Turquie, dans le cas de Kossuth et de ses compagnons, éconduisit des prétentions identiques à celles qu'on a su faire valoir dans le cas d'Adamovitch, et notre pays était prêt à prêter mainforte à la Turquie. Lord Kitchener ne nous explique d'aucune façon pourquoi le gouvernement britannique a pris une nouvelle attitude. »

Citons encore un petit journal français, « l'Echo égyptien », qui servira aussi à démontrer l'effet des Capitulations sur l'esprit de l'indigène d'Egypte : « On nous accordera volontiers que le régime des Capitulations représente dans l'ensemble, au milieu d'une communauté avancée comme la nôtre, une anomalie et un paradoxe. Par les privilèges qu'il confère, il va à l'encontre du grand principe d'égalité devant la loi. *Il entretient dans l'esprit des masses, un sentiment de haine, de rancune et de jalousie à l'égard de la minorité privilégiée.* Sociologiquement il constitue l'élément le plus dangereux pour une société — un élément de dissolution. »

C'est donc en pleine connaissance de cause que, durant plus de 30 ans d'occupation de l'Egypte, l'influence britannique a renoncé à faire acte de vigueur et à supprimer cette anomalie ? Est-il croyable ou seulement présumable, qu'elle n'en ait pas eu le pouvoir ? Par la façon dont nous nous sommes préoccupés de la chose qui passe avant tout, la justice assise sur un principe de liberté et d'égalité pour tous, avons-nous démontré que nous avions à cœur la prospérité de l'Egypte et de ceux qui y vivent ?

CHAPITRE VIII

Conclusion.

Dans le livre des « Monarques que j'ai rencontrés », Monsieur W. Beatty-Kingston rend un juste hommage à la menterie égyptienne. Il relate, en 1876, ce que voici : Ma visite à cette antique et pittoresque cité (le Caire) a eu pour moi au moins un résultat éminemment satisfaisant : à savoir que, enfin, j'avais mis le pied sur le sol où les tout à fait grands menteurs florissaient et pullulaient comme ils ne pouvaient le faire nulle part ailleurs. Je m'imaginais avoir sondé les abîmes du mensonge, le plus ingénieux et le plus instinctif dans l'Herzégovine, mais holà ! J'avais là en Egypte des menteurs tout autrement déliés que les robustes patriotes de cette raboteuse province !... Bucarest est un lieu où il vous faut avoir la crédulité d'un enfant pour ajouter foi aux serments de quiconque occupe une haute situation ; soit ! Ne pas dire des menteries dans les cercles chrétiens de Constantinople, signifie que vous tenez à vous faire passer pour un barbare voulu, qui dédaigne de parti-pris les aménités de la conversation polie, tout ce qui fait la douceur de l'existence. Soit encore ! Mais le Caire avec une libéralité sans bornes rend des points à ces sources signalées entre toutes de faussetés ; il n'a pas de rival à redouter; l'art de mentir, cultivé comme il l'est dans ses murs, est le plus beau d'entre les beaux arts. »

Nous, sur la foi de notre expérience personnelle et minutieuse des choses de l'Egypte, qui remonte à peu d'années après que furent écrites les lignes ci-dessus, nous n'aurons garde de nous inscrire en faux (nous avons connu les jours orageux de 1882, début de l'occupation). C'est, en dernière analyse, parce que cet art « beau entre les plus beaux » est si cultivé là-bas, que la « vérité sur l'Egypte » subit des déformations si subtiles qui donnent le cachet aux productions des plumes officielles ou pas officielles, lesquelles en fournissent à bouche que veux-tu à un public qui ne demande qu'à les prendre pour bonne monnaie. Tout ce qui ne rime pas, on l'explique ; les faits choquants, une fois manipulés, vous sont administrés en pilules savamment fourrées de sucre ; à moins qu'on ne les torde pour les rendre méconnaissables; s'il y a une question qui par certain côté pourrait être embarassante ou désagréable à exposer, on se charge de lui donner la teinte voulue en faisant circuler à son sujet des idées manifestement fausses. Bref, la vérité n'a chance de filtrer que si elle est tout à fait inoffensive pour le prestige britannique (ou si par aventure elle le rehausse encore), ou bien si un accident la trahit et que quelqu'un, sans avoir mission pour cela, fasse une révélation. En ce cas, elle a une rude bataille à livrer pour la vie, car il lui faudra affronter les batteries des démentis officiels, et ce n'est qu'après cette épreuve qu'elle aura droit à apparaître dans son éblouissante nudité.

La sournoiserie officielle a fait l'objet d'une remarque dans un précédent chapitre, où il s'agissait du renouvellement de la concession du canal de Suez. Au moment d'achever cette simple esquisse de quelques uns des effets qu'a produits le régime britannique en Egypte pendant plus de trente-cinq ans, nous ne voulons pas oublier de donner encore quelques éclaircissements sur ce point, dont nous ferons voir les attaches avec le meurtre de Boutros-pacha. Trois ans à peine après les exécutions de Denchavai, Sir Eldon Gorst, en 1909, commet la fatale méprise de nommer Boutros-pacha Premier Ministre, malgré le rôle fâcheux, à l'œil d'un Egyptien, qu'il avait joué dans cette triste affaire. Il s'en suivit comme de juste une campagne de la presse contre Boutros-pacha, qui à son tour remit en vigueur des lois de presse surannées, supprima certains journaux natifs (nationalistes) et jeta en prison quelques éditeurs, entr'autres le Cheikh Chaouich, Egyptien éclairé qui avait reçu une partie de son éducation à une Université anglaise. Boutros, on le savait assez, penchait fortement vers l'Angleterre — si non, on n'eût pas fait choix de lui pour présider les débats de l'affaire de Denchavai — et avait eu le poste important de Ministre des Finances avant que d'être Ministre des Affaires Etrangères; il avait aussi été en rapport avec la Commission internationale, sous Lord Cromer. Il avait certainement des vues nettes en matières de finances ce qui fait voir plus clair dans ce qui va suivre. Au moment de sa plus grande popularité, quand le nationalisme causait des inquiétudes à l'Agent britannique en Egypte, Boutros était devenu simple instrument du gouvernement britannique, auquel il livra son pays dans l'affaire de la concession du canal de Suez.

Pour le bien comprendre, il faut se remettre dans l'esprit que le Soudan avait été reconquis en 1898 par Lord Kitchener, et que, dans la décade qui se termine à l'an 1908, on évalue à 4.200.000 L. E. les dépenses du gouvernement égyptien au Soudan, quoiqu'il soit à noter que Yehia Pacha maintient que la somme de ces dépenses doit être portée à au moins 18,700,000 L. E. Il se trouve que, en vertu de l'accord anglo-français de 1904, certaines réserves constituées par les excédants du budget furent fondues avec la Caisse, et d'autre part les représentants britanniques ayant prêté les mains à un règlement financier par le paiement du coupon (ce qui du reste allait de soi), une somme de 13,000,000 de L. revenait au Trésor Egyptien. Treize autres millions de L. E. lui revenaient encore de certains autres excédants des cinq années suivantes, ce qui constituait au Trésor un fonds d'au moins 26,000,000 de livres. Cependant l'état officiel de l'encaisse la fait monter en tout à 6,000,000 de livres, et à l'heure qu'il est il n'est pas un compte-rendu officiel qui donne une lumière sur ces 20 autres millions de livres. Où ont-elles passé? Les a-t-on dépensées au Soudan et y a-t-on remboursé cette somme au Trésor pour balancer le déficit qu'on avait caché à la nation? On a fait diverses suppositions, mais la vérité est encore inconnue, et du fait même du système qui est en vigueur, on ne pourra jamais savoir la vérité sur les finances de l'Egypte, cela est évident; car, au risque d'étonner nos lecteurs européens, nous dirons que, « en présentant chaque année le budget au Conseil législatif, le gouvernement ne donnait jamais d'estimation des fonds qu'il entendait dépenser, il se contentait *d'indiquer en raccourci les dépenses courantes de l'année précédente.* » En dépit des insistances du Conseil, le gouvernement s'est toujours refusé à rendre aucun compte des sommes dépensées du fonds de réserve. C'est ici qu'il est utile de prendre note du fait que « le Conseiller financier britannique assiste aux séances du Conseil, mais n'a pas voix. »

Pour en finir avec ces dépenses dont on ne savait ni le total ni l'emploi, Ismaïl Abaza Pacha prit sur lui, inutilement du reste, d'exposer au Conseil législatif, le 3 janvier 1910, « la dissipation que faisait le gouvernement des deniers publics, sans rendre un compte de sorte au Conseil. » Mais cela ne mettait pas de l'or dans le Trésor, qui en dépit des réformes financières de l'Angleterre, persistait à être mal en point ; on exploita donc un nouveau filon, les circonstances où se trouvait le canal de Suez et les facilités qu'on y voyait de garnir la bourse à nouveau.

Or, la concession primitive du Canal de Suez n'expire qu'en 1968 ; mais le gouvernement Egyptien en offrit le renouvellement anticipé jusqu'en 2008, c'est-à-dire pour quarante nouvelles années, moyennant une somme de 4 millions de livres portant intérêts, le capital à verser en quatre tranches. En d'autres termes, les hommes qui avaient à répondre devant l'Egypte de la prospérité du pays, tâchaient de prendre avantage du marasme du Trésor, pour mener à chef un plan qu'on appellerait d'une tout autre façon, partout où l'on ne mâche pas les mots. Quoique ces retors personnages eussent machiné l'affaire aussi secrètement que possible, un beau jour elle éclata en public. Les nationalistes poussèrent des clameurs ; on dut convoquer l'Assemblée générale. A la suite d'une discussion virulente, le projet fut rejeté par 66 voix contre une ! Mohammed Saïd Pacha, ministre de l'Intérieur ne mit pas des gants pour dire à Boutros Pacha, en plein Conseil des Ministres, ce qu'il avait à dire, et lui faire toucher au doigt les profits certains que cette opération vaudrait aux intérêts britaniques ; on lui répliqua avec hauteur qu'il n'y a pas d'homme nécessaire. Le premier ministre Boutros-pacha, a eu le malheur de voir confirmer cette vérité d'une façon à laquelle il ne s'attendait pas, et qu'il souhaitait encore moins, puisque, qu'après ceci, le 20 février 1910, il essuya un coup de feu en sortant du ministère de l'Intérieur et mourut quelques jours après, des suites de l'opération tentée pour extraire la balle.

Nous avons eu, en relatant ce cas de sournoiserie non moins que de « désintéressement » britanniques, l'occasion de parler du Conseil. Notre apologiste officiel, (à qui nous voudrions inculquer l'adage de la vérité qui est plus étrange que la fiction, et une étude serrée de l'ouvrage lumineux de M. Wilfried Scarven Blunt « Histoire secrète de l'occupation de l'Egypte ») excipe du fait que « ainsi qu'on le sait il existe une Assemblée générale, à la collaboration de laquelle le gouvernement anglais a fait appel dès les premiers jours de l'occupation ». A en juger par ce qui précède, l'Assemblée générale n'a pas été, tant s'en faut, un bienfait, voire une bénédiction, pour le gouvernement britannique.

Jusqu'en 1913, les deux corps publics étaient le Conseil législatif et l'Assemblée générale. Cette année, on inaugura la nouvelle Constitution ; elle fit comme explosion parmi le public qui n'était pas prévenu, et le Khédive aussi bien que Lord Kitchener étant absents de l'Egypte. Elle établissait une nouvelle forme de gouvernement bien différente de celle sous laquelle l'Egypte avait gémi pendant de longues années de l'occupation. Il y avait eu jusqu'alors un Conseil des Ministres nommés (proforma) par le Khédive, présidé par le premier Ministre. Les divers ministres (nos lecteurs, après tout ce que nous en avons dit, n'en sont plus à les regarder autrement que comme les instruments des « Conseillers ») élaborent les décrets administratifs qui sont soumis à l'approbation du Conseil. Une fois approuvés par le Khédive et revêtus de sa signature, ils ont force de loi. Comme nous l'avons dit aussi, le Conseiller financier britannique assistait aux séances. Il y avait en outre un Conseil législatif composé de 30 membres, et une Assemblée générale composée elle-même du Conseil Législatif, des sept Ministres d'Etat et de quarante-six membres élus par le peuple. Mais ces corps publics étaient purement consultatifs ; le pouvoir effectif de légiférer restait aux mains du Khédive et de ses Ministres, autrement dit ses « Conseillers » qui ne sont rien d'autre que le gouvernement britannique. Le dernier mot de cette forme de Gouvernement est la « réduction *ad absurdum* » et aucun de ceux qui y prirent part pendant tant d'années ne se le dissimula ; il n'en pouvait émaner que mécontentement et doléances ; et l'histoire a noté que ce Conseil Législatif ayant seulement le pouvoir de donner des avis, et d'être consulté sur les nouvelles lois et décrets, déclina rapidement en importance, ses avis n'étant jamais suivis, les consultations même étant rares ; ses membres devinrent indifférents, en dépit de toutes les remontrances et reproches que la Presse leur jetait à la face, et leur aversion à prendre part à une basse comédie, comme ils l'envisageaient, était si peu cachée par eux, que leurs fonctions n'étaient en somme plus reconnues par personne.

Dans ces circonstances on était disposé à faire bon accueil à une nouvelle Constitution, si soudaine qu'en fût l'apparition. Elle octroyait au pays un « Parlement » qui groupait en un corps unique le Conseil législatif et l'Assemblée générale. Il n'était plus purement consultatif, on lui accordait une certaine initiative pour légiférer ; dans d'étroites limites, il est vrai, du moment que l'initiative ne balançait aucunement les prérogatives du Conseil des Ministres. Ce qu'il y avait de plus considérable dans ses nouvelles attributions, c'est l'article que « aucun » nouvel impôt, soit direct, soit personnel, soit immobilier, ne pouvait être décrété sans le consentement de l'Assemblée. » Comme contrepied, nous trouvons la disposition plaisante par laquelle les membres ont le droit de poser des questions aux Ministres, sans que ceux-ci soient tenus d'y répondre. A peu près comme ce privilège qui est, parait-il, notre apanage commun, « d'évoquer les esprits des profondeurs de l'abime », sans qu'aucune sanction soit là pour contraindre les esprits à nous obéir. Cela tient de l'opéra-comique, et c'est à peine si l'on en ferait accroire à des enfants.

Le Président, le Vice-président et quinze membres de l'Assemblée sont nommés par le Gouvernement, ainsi l'on ne rue pas dans les brancards !

A l'heure actuelle le Gouvernement est présumé être sous un Sultan (remplaçant le Khédive) et est composé d'un Conseil des Ministres, nommé par le Sultan, présidé par le Premier Ministre ; d'une Assemblée législative formée : *a*) des Ministres, *b*) de soixante-six membres à élection, *c*) de dix-sept membres à nomination. Ce corps, est comme avant, purement consultatif ; le pouvoir effectif même dont sont revêtus le Sultan et ses Ministres n'est que de nom. Telle est la Constitution si vantée qu'on a octroyée au peuple égyptien ; tel est le « Parlement » que Lord Kitchener a inauguré avec tant de pompe !

Sir Eldon Gorst avait fait entendre qu'il ferait des réformes dans le corps législatif ; mais tout ce qu'il a su accomplir dans ce domaine, poussé par le cri public, a été d'agrandir le champ des Conseil provinciaux, sans nulle liberté d'action ou initiative ; ce n'était qu'une modification à peine sensible, et dont on ne lui a pas su gré, de la Loi organique de 1883.

En 1908, le Conseil législatif prit une décision pour demander un gouvernement représentatif ; la même décision avait été prise dix-huit mois auparavant par l'Assemblée générale, à la suite de débats qui ne durèrent pas moins de trois mois. On n'a jamais plus parlé de ces décisions, on sait seulement qu'elles sont consignées dans les registres officiels.

Au mois de décembre 1913, il y eut des élections pour la nouvelle Chambre législative ; un écrivain égyptien, membre de cette même Assemblée, en a fait le tableau. Il dit que « elles ont prouvé par les luttes électorales parfois acharnées auxquelles elles ont donné lieu et par le nombre infime des électeurs non-participants, que les populations ne sont pas indifférentes à la chose publique. Presque tous les intellectuels qui se sont présentés à ces élections ont été élus sans diffi-

cultés « Ceci est le point de vue égyptien, et c'est sans doute
le point de vue exact. De fait, si nous avions encore à
nous défendre de mêler ici l'opinion des Egyptiens sur
leurs propres affaires, à l'encontre de celle qu'en ont les Anglais, nous aurions assez fait pour maintenir le principe
de l'« *audiatur et altera pars* » en mettant simplement en
regard l'extrait ci-dessus d'un Egyptien, et l'extrait suivant
qui vient de la plume de M. Sidney Moseley :

« L'éloignement que manifestèrent les Egyptiens dans ces
élections n'a pas entièrement surpris tous ceux qui avaient fait
une étude du caractère égyptien. Lord Kitchener s'était laissé
aller à l'espoir que le nouveau système porterait le peuple à
prendre plus d'intérêt à ses devoirs civiques, de façon qu'il
pourrait arriver que ce peuple fût digne des pouvoirs plus
étendus qui dérivent d'un gouvernement autonome. Cet intérêt
s'est si peu montré, au contraire, qu'on s'aperçoit combien
peu ce peuple a une idée de ce qui fait l'essence de la liberté politique, dont on prétendait s'emparer. Les premières élections au Caire, à Alexandrie et toutes les provinces
ont révélés cet esprit d'insouciance politique (*malesh*). Les
Egyptiens comme bien d'autres peuples plus éclairés ont à
pssser forcément par une période d'évolution avant de se iaire
pleinement à l'esprit d'un gouvernement populaire et largement assis. »

Cela ne fait-il pas sourire et ne rappelle-t-il pas ce télégramme fameux de Reuter où l'on réduisait à leur juste valeur
les amplifications du style officiel sur l'état admirable du pays
au moment où Sir Eldon Gorst y faisait sa tournée d'inspec-
tion, en janvier 1911.

On promet toutes les faveurs à l'Egypte « après la guerre »,
sans doute pour que les gens s'y tiennent tranquilles. On leur
a fait savoir par l'entremise d'un article de la « *Revue de la
Fortnightly Review* du mois d'août 1907 dû à la plume de Sir
Mac Illwraith, Conseiller britannique au Ministère de la Justice,
que les réformes judiciaires que l'on envisage après la guerre,
seront soumises à l'Assemblée législative qui en discutera.
Nous verrons dans quelle proportion ces promesses doivent
être tenues. Pour ce qui est du passé, nous ne savons découvrir une tentative sérieuse de l'Angleterre pour mettre l'Egypte,
par les voies de l'éducation, de l'apprentissage ou du précepte,
en état de se gouverner elle-même. Nous ne voyons pas non
plus, quoi qu'on puisse avancer, que les Egyptiens soient le
moins du monde prêts à le faire ni capable de le faire. On
dit bien que, puisque l'Angleterre a montré, à partir du commencement de la guerre, des velléités de croire que l'Arabie
était à même de se gouverner elle-même par ses propres sou-

verains, il s'ensuit que l'Egypte, tellement plus avancée dans la civilisation, est encore bien mieux postée pour cela. L'argument ne tient pas, chacun sachant que, tout à rebours de son attitude qui n'est qu'hypocrisie, l'Angleterre ne croit pas un mot de ce qu'elle dit : il n'y a donc là qu'un manque apparent de suite dans le raisonnement, qui sert les intérêts du moment. Cette hypocrisie éclate quant nous lisons dans le pamphlet de M. Willmore le panégyrique des merveilles que nous avons faites pour faciliter le pèlerinage de la Mecque, car, dit-il, l'Angleterre « a facilité les pèlerinages à la Mecque et a fait en sorte que les musulmans qui accomplissent ce devoir religieux puissent le faire dans les meilleures conditions possibles ». En brassant jusqu'aux genoux le sang de leurs coreligionnaires, est-ce ainsi que l'entend M. Willmore? Nous servira-t-on ce vieux dicton anglais « En guerre comme en amour, tout est permis » ? Avouons alors que c'est aller bien loin que de s'étendre jusque-là, pour sauver la réputation de l'Angleterre ; et nous n'en maintenons pas moins l'imputation d'hypocrisie. Notre véritable, franche attitude vis à-vis de la religion musulmane, n'apparaît nulle part sous un jour aussi cru que dans une des plus bigotes compilations qu'on puisse trouver, intitulé : « l'Islam et les missions », c'est-à-dire Travaux lus à la deuxième conférence des missions en faveur du modde musulman, tenue à Lucknow, du 23-28 janvier 1911. » Ce sont de brûlantes insultes à cette religion.

Mais avant d'examiner si, à ce que d'aucuns prétendent, les Egyptiens sont en état de se gouverner eux-mêmes, on nous permettra peut-être une remarque! il y a moins de gens qu'on ne croit qui sachent ce que l'on entend par ce terme d'Egyptiens. Qui sont les Egyptiens, et que sont-ils ? Les avis de la docte Faculté sont partagés ; contentons-nous donc de rapporter l'opinion mûrie de ceux qui sont compétents en la matière et laissons à nos lecteurs le soin de conclure.

Le professeur Sayce, docteur en lettres, en droit et en théologie, une autorité très connue, dit : « Hérodote a décrit l'Egypte comme le pays paradoxal, et ce jugement n'est pas infirmé ». il rappelle qu'on crie maintenant : l'Egypte aux Egyptiens, et qu'on veut absolument que l'Egypte, étant un pays musulman, soit gouvernée par des indigènes qui professent la foi musulmane qui est prédominante, il continue en ces termes : « De fait, le Musulman égyptien qui s'arroge ainsi le droit de parler au nom de « l'Egypte et des Egyptiens », n'est à parler d'une manière générale, pas un Egyptien du tout. Jusque dans ces derniers temps il s'enorgueillissait d'être un Arabe, d'extraction arabe, peu lui importait son origine véritable. Le patriotisme qui l'animait était religieux plutôt que politique, et ses sentiments de fidélité allaient non pas à l'Egypte mais à l'Islam. Aujourd'hui même il ne faut que donner un coup d'œil rapide aux revendications des prétendus « Nationalistes » pour apercevoir que par nationalisme ils entendent l'indépendance politique qui comporte la suprématie du mahométisme.

L'Egyptien authentique, c'est le Copte chrétien. C'est lui qui représente une race descendue sans mélange jusqu'à nous, à laquelle le monde antique a dû la meilleure part de sa civilisation, de sa culture. Ils doivent à leur religion d'avoir pu conserver un sang pur de tout mélange des Arabes à demi barbares ou des Kurdes sauvages, ou encore d'autres éléments étrangers que la licence de la vie de famille musulmane a introduits dans ce pays. » Licence, soit dit en passant, qui contraste curieusement avec ce que dit Duse Mohammed l'écrivain égyptien qui est un croyant musulman pratiquant, et qui nous rapporte l'influence démoralisante qu'exerce le régime européen en Egypte, influence que la presse elle-même a cherché à combattre ; voici ses propres paroles : « A l'époque dont je parle ici, il est arrivé fréquemment que des jeunes filles arabes ou coptes ont été enlevées à leurs familles par des ravisseurs qui les sacrifiaient sur l'autel immonde de l'immoralité et entretenaient le trafic des maisons de prostitution, en même temps que l'on initiait le jeune Musulman jusque-là honnête dans ses mœurs aux mystères dépravés de l'ivrognerie, de la débauche, et de tout un catalogue de vices qu'on ne peut pas imprimer. »

Le professeur Sayce admet bien que dans la Haute Egypte où il y a relativement peu de temps que les fellâhs se sont convertis au mahométisme, il y a une grande quantité de pur sang égyptien dans la partie musulmane de la population ; mais même là de vastes régions furent colonisées au moyen-âge par des bandes nombreuses d'Arabes et de Bédouins ; et quand la religion cessa d'être un obstacle aux mariages mixtes, ces derniers nécessairement s'entremêlèrent aux fellâhs convertis. Ailleurs la population musulmane ne se prétend pas de la même race que les Egyptiens conquis.... Si nous voulons découvrir ceux qui sont les représentants véritables de « l'Egypte et des Egyptiens », il nous faut aller trouver ce reste qui s'est conservé à travers douze siècles de persécutions, particulièrement dans la Haute Egypte ». Nous ne nous attarderons pas aux contradictions manifestes de ces lignes, il nous suffira de remarquer que nous sommes en désaccord avec le savant orateur. Nous croyons comme lui que le Copte chrétien a du sang pur dans les veines ; mais on ne peut douter non plus que le sang de l'ancien peuple égyptien n'ait été insensiblement absorbé et assimilé par ses envahisseurs, comme le démontre aussi M. Maspéro dans son « Histoire ancienne des peuples de l'Orient », où il dit entr'autres : « Aujourd'hui bien que les classes supérieures se soient défigurées, par des alliances répétées avec l'étranger, les simples paysans ont gardé presque partout l'aspect de leurs ancêtres, et tel fellâh contemple avec étonnement les statues de Képhrèn ou les colosses des Sanouassit, qui promène à travers le Caire, à plus de quatre mille ans de distance, la physionomie même de ces vieux pharaons ». C'est encore M. Maspéro qui disait un jour à un éminent égyptologue : « L'Egypte est la mère de presque toutes les idées qui ont dans la suite gouverné le monde, et les enfants de cette mère sont encore parmi nous, ils s'appellent les Coptes ».

Le Dr A. J. Butler de l'Université d'Oxford, qui fait autorité et qui a contribué pour une large part à ce que nous savons de l'histoire égyptienne, mentionne (dans son introduction au livre de Kyriakos Mikhail : *Coptes et Musulmans sous la domination britannique*) le fait que certaines gens ont été amenés à juger de travers les affaires égyptiennes, par les rapports officiels et les déclarations britanniques, et la situation des Coptes est très peu satisfaisante. » Les injustices dont souffrent les Coptes sous cette domination sont si réelles et si graves, que, je le dirai sans hésiter, leur condition de minorité opprimée est un discrédit, un reproche permanent à l'adresse de nos méthodes tant vantées de gouvernement.... C'est un exemple extraordinaire de cette perversion des idées qui semble imprimer un biais funeste à toute notre politique dans nos rapports avec les races et les croyances différentes qu'il y a eu en Egypte. L'histoire parle clairement, les Coptes et les Musulmans n'ont pas d'antagonisme inné, chacun d'eux a des qualités qui le font respecter de l'autre et ils peuvent vivre tous deux côte à côte pour le bien commun de leur pays, unis et amis.... Il est triste et humiliant de penser que l'union amicale des Coptes et des Musulmans était effectivement accomplie avant l'occupation britannique de l'Egypte, et qu'elle a été détruite par la politique du gouvernement britannique. Exalter les Musulmans et fouler les Chrétiens, donner licence à la majorité et réfréner la minorité, voilà la politique que notre gouvernement a, sinon avouée, du moins pratiquée, et, faut-il le croire, a jugée conforme aux traditions britanniques qui parlent de faire régner la justice, l'impartialité, l'égalité devant la loi, parmi tous ceux qu'on gouverne.

Nous nous sommes écarté de notre sujet pour jeter un peu de lumière sur une question incidente, celle des relations actuelles et à venir entre les deux principales races qui constituent l'Egypte. Voyons maintenant ce qu'a à nous dire un éminent auteur allemand sur ce problème : Qui sont et que sont les Egyptiens? Le professeur Steindorf qui vient d'écrire un livre intitulé « l'Egypte, autrefois, et aujourd'hui », nous y fournit quelques renseignements de chiffres intéressants, et nous ne voyons pas de raison de ne pas nous en servir pour notre but de rapporter les opinions de tous ceux qui sont compétents; pour cela, il n'a rien à y voir qu'il soit de nationalité allemande et, en termes de métier, un ennemi. M. Willmore n'a-t-il pas lui aussi cité plusieurs écrivains allemands dans son petit livre?

Le professeur Steindorf fait la remarque que ce fut un assez petit nombre d'Arabes qui envahirent et conquirent l'Egypte, au VIIe siècle, et que la population elle-même déclina peu à peu jusqu'à l'invasion des troupes de Bonaparte, où elle était au plus bas point, à savoir 2,500,000 habitants. Aujourd'hui, comme nous l'avons dit, elle dépasse 11 millions d'âmes. En 1906 il n'y avait pas moins de 367 habitants par kilomètre carré, densité qui surpasse celle de n'importe quel pays européen, vu que les provinces rhénanes ne viennent qu'ensuite avec 338, le royaume de Saxe avec 300, et la Belgique avant la guerre avec 230 habitants.

L'écrivain allemand fait voir que les $^{10}/_{11}$ de toute cette population, soit 10 millions, peuvent être tenus pour avoir dans les veines le sang de l'antique noyau, et qu'ils forment trois groupes : Mahométans, Coptes chrétiens, Nubiens musulmans (Berbères qui peuplent les districts au-dessus de la première cataracte, à Assouan). Au moment de la conquête, en l'an 640, la population native consistait au fond en Coptes chrétiens, qui jouissaient d'une liberté religieuse complète. Peu à peu cependant, pour différentes causes, entr'autres le désordre où l'on tenait leur religion — aujourd'hui encore c'est une parodie fantastique du christianisme, divisée en factions rivales — un grand nombre de Coptes secouèrent les liens d'une croyance qui ne les satisfesait plus, et embrassèrent l'Islam. Peu à peu aussi ils échangèrent leur langue pour celle des nouveaux venus et laissèrent leur idiome disparaître, tellement que dans le pays il est aujourd'hui absolument tombé en désuétude. Il est vrai que certains hymnes et certaines prières qu'on chante ou qu'on récite dans les églises, sont dans cette ancienne langue copte, mais on convient que les prêtres eux-mêmes ne savent généralement ce que signifient ces paroles. On traite cette religion de religion décrépite, privée de vie spirituelle.

Il ne faut pas s'étonner non plus si la majorité de ses croyants l'abandonnèrent pour une foi plus vivante ; nous nous rappelons à ce propos les paroles d'un vieil ami de celui qui écrit ces lignes, le défunt doyen Stanley, qui a écrit: « Dieu est présent à l'esprit des Mahométans à un point où il l'est rarement à notre esprit à nous, qui se perd dans le vacarme et la confusion de l'occident ». Le Doyen, en écrivant cela, avait comme devant les yeux ses voyages en Orient, et le spectacle des Musulmans en prières qu'il contemplait au coin des rues, sur les grands chemins comme dans les ruelles partout où il y a des vivants dans ces pays où personne n'a honte de sa foi ni des communications qu'il entretient avec le Dieu qu'il fait profession d'adorer. Et le Doyen fut un homme à l'esprit ouvert et au grand cœur ,et un grand Anglais.

De cette façon, le XVIIe siècle vit se faire une fusion complète des races, non seulement dans la Haute Egypte, mais au long et au large par tout le pays. Les mariages mixtes avaient fondu ensemble les traits caractéristiques, et les Musulmans de langue arabe qui formaient dès lors la grande majorité de la population, conservèrent ces caractéristiques, tout en inclinant fortement à accuser dans le type les lignes si connues des antiques Egyptiens. Ces traits sont demeurés en effet, après des milliers d'années, et on peut les reconnaître aujourd'hui dans les rues du Caire aussi distinctement qu'on l'aurait fait au temps des « Rois pasteurs ». Il n'y a donc pas moyen de vouloir à toute force que les deux races soient aussi diverses qu'elles l'étaient dans les jours de l'invasion arabe, et il est oiseux de prétendre que les Coptes chrétiens sont encore le même antique noyau de la population, car ils ont fait tant de mariages avec d'autres races qu'il est difficile qu'ils aient comme on l'assure, gardé pur le sang de leurs pères.

D'où il suit, nous dit-on, que l'empreinte que porte de nos jours la physionomie caractéristique de l'Egyptien n'est pas tant celle de l'Arabe conquérant, que celle de l'Arabe absorbé dans le noyau primitif de la population ; et c'est le fait qu'il ne faut pas perdre de vue si nous voulons savoir qui ont vraiment les Egyptiens de l'Egypte moderne, et ce qu'ils sont. Il est de la plus grande portée dans les questions politiques qui mordent en ce moment au cœur même du monde, particulièrement en ce qui touche le droit des petites nations à faire elles-mêmes leurs affaires.

Il y a des écrivains ecclésiastiques qui se sont donné la plus grande peine pour démontrer que le Musulman est pécheur de fondation, tandis que le Copte est un parangon de vertu, qui marche en toute innocence sur les traces du fondateur du christianisme. C'est absurde. Le Copte, qu'on prétend n'avoir qu'une femme, en réalité a un harem assez vaste pour faire honte au Musulman le plus extravagant, et pour ce qui est de tenir à l'écart les membres de sa famille, il s'autorise de faire des choses que le plus jaloux des Musulmans n'imaginerait pas. De notre propre expérience nous avons connu en tout cas une famille Copte dans la Haute-Egypte, dont les femmes, qui formaient une troupe assez respectable, n'ont pour ainsi dire jamais quitté la maison dans laquelle elles étaient strictement confinées, tandis que le maitre de cette prison domestique prenait ses divertissements sans aucun souci des préceptes du christianisme, d'après la seule idée qu'il se faisait de ce qu'est « voir la vie ».

Quant au fléau de l'alcool, il est notoire que le Copte n'est retenu dans sa soif de boissons chrétiennes, par aucune de ces barrières qu'on met sur la conscience des gens, et qu'il suit de loin, en cela, son frère Musulman auquel sa religion prescrit des bornes fixes, que le croyant strict respecte fidèlement.

Dans le domaine économique on ne saurait dire que le régime britannique ait prêté assistance à l'un ou à l'autre de ces éléments constituants de la nation égyptienne. Il y a cinquante ans, un fellah de la moyenne pouvait subsister assez à l'aise avec environ une piastre (25 centimes) par jour. Les conditions ont changé : le prix de la main-d'œuvre et des choses de première nécessité a tellement haussé, qu'il est fréquent de voir des indigènes travailler, par ex. à des fouilles du soleil levant au soleil couchant, c'est-à-dire onze heures de temps, sur lesquelles il y en a d'une à une et demie pour le repos du milieu du jour, pour un salaire de trois à quatre piastres ; et ce n'est pas exagéré d'après ce qu'il lui faut pour vivre. Les enfants des deux sexes reçoivent pour la même durée de travail de deux à trois piastres. Sur ces salaires qui n'ont rien d'élevé, le gouvernement fait souvent encore une légère réduction pour le même genre de travail. On voit donc que du fait de ce prétendu accroissement de la prospérité sous le régime britannique, le prix des denrées s'est élevé en même temps que celui de la main-d'œuvre, et que les bienfaits de la tutelle occidentale sont à tout prendre plus apparents que réels.

Et à propos de la main-d'œuvre, nous ajouterons ici quelque chose aux remarques que nous faisions ci-dessus sur l'abolition de l'esclavage, à savoir ce fait curieux que le livre du Professeur Steindorf nous rappelle ; une grande quantité des esclaves mâles venus du Soudan en Egypte et qu'on avait affranchis, refusèrent plus tard, quand ils en avaient l'occasion, de rentrer libres dans leur pays, et préférèrent rester chez leurs maitres. Exemple frappant de ce tour d'esprit sentimental autant qu'insipide qui, sans aucune intelligence, ni aucune sympathie pour la condition réelle de l'esclave en Egypte, s'entêta à l'affranchir sans consulter ni la nécessité des choses, ni les désirs ou les sentiments de cet esclave. On est arrivé par là à pervertir un principe.

Avant de quitter ce sujet, disons encore qu'il y a, dans l'étude du Professeur Steindorf sur l'Egypte moderne, un point à relever qui a aussi une certaine portée dans cette grande question de « l'Egypte aux Egyptiens ». Le mot de domination turque a fait tant d'effet sur l'esprit de beaucoup de gens, qui sont persuadés que l'Egypte est opprimée par les Turcs et par l'influence des Turcs, que cela servira à les soulager de savoir qu'il n'y a pas en Egypte plus de 27,500 Turcs. On croit même, que, pour différentes causes, ils seront absorbés par leur entourage, et que d'ici à deux ou trois générations ils s'éteindront en tant qu'élément distinct. De fait, ils en sont déjà à être regardés comme des Turco-égyptiens, et — soit dit sans vouloir offenser quiconque — on peut ajouter qu'ils sont tenus à bien des égards pour des membres de l'Etat plus virils, plus énergiques, plus utiles aussi, socialement et politiquement, que les Egyptiens proprement dits. De plus les observateurs impartiaux déclarent que leur influence est grande dans les cercles des « nationalistes ».

Une nation ayant des traits de caractère aussi fermement enracinés pouvait raisonnablement s'attendre à être développée dans la direction du progrès pratique, et cela eût été d'autant plus facile que le fardeau de sa tutelle eût été confié à des Mentors désintéressés et sympathisant avec elle. Il n'en a pas été ainsi. L'Egypte a été exploitée par l'Angleterre, et dire que notre raison d'être en Egypte est grave, celle de répondre aux vœux unanimes de la minorité européenne, qui voulait l'occupation par nous, c'est nous payer de mots. L'Angleterre n'a jamais écouté la majorité indigène d'aucun des pays qui sont sous sa domination, et il est ridicule de vouloir nous faire entendre qu'elle a été sous l'influence d'une minorité de gens qui étaient des étrangers pour elle autant que pour l'Egypte.

On comprend que nous voulons parler de la prétendue demande qu'auraient adressée un certain nombre d'Européens, en 1883, au représentant de la Grande-Bretagne, pour qu'elle déclarât l'Egypte Protectorat britannique. M. Willmore dit que les 2,600 personnes qui signèrent cette pétition étaient des résidents à Alexandrie ou d'autres villes égyptiennes, et qu'elles représentaient «presque toute la richesse du pays». La richesse du pays, de ses quelques millions d'habitants, entre les mains de moins de 2,600 Européens ! On ne s'étonne plus alors de lire à un autre endroit ce qu'il déclare de la sécurité dans la vallée du Nil. «La situation générale du pays est telle que les capitaux étrangers ne craignent plus de participer aux entreprises industrielles et commerciales». Au même moment il convient que quant aux indigènes « peut-être désireraient-ils au fond de leur cœur recouvrer leur entière indépendance, ne plus dépendre d'une autorité étrangère ; mais tant que la chose n'est pas possible, ils sont assez clairvoyants pour savoir, etc... » Et pourquoi n'est-elle pas possible ? C'est là le point sur lequel les Egyptiens prennent le contre-pied de l'Angleterre et le prendront toujours, tant qu'ils n'auront pas regagné leur liberté.

Nous avons fait mention ci-dessus de la fusion des races qui composent presque l'entier de la nation égyptienne, mais nous n'aurons garde d'oublier le point de la « couleur de race », qui a toujours malheureusement déterminé l'attitude que prenait l'Angleterre vis-à-vis des indigènes de tout pays, qu'elle considère avec des préjugés, et qui à n'en pas douter et pour beaucoup dans les procédés qu'elle a envers les natifs de l'Egypte. Notre nation est très inclinée à regarder tous les gens de couleur avec mépris, et l'on nous en a fait bien souvent un reproche. C'est le germe de la plupart des difficultés que nous avons eues en gouvernant des nations orientales ; ça été certainement le cas en Inde et en Egypte. Le mélange des races dont nous avons parlé ci-dessus, n'a pas en général donné lieu à de grandes variations de couleur, sauf certaines exceptions, particulièrement quand des Egyptiens ont épousé des natives du Sud de l'Egypte. Par exemple M. Duse Mohamed donne de sa propre personne la description que voici :

« Je suis moi-même un croisement d'Arabe et d'Ethiopien, ma mère était une Nubienne, soit Négresse pur-sang, deux des éléments humains les plus ravalés par les ethnologues européens. » C'est ce « ravalement » par les Européens, et ici par l'Angleterre, qui est chose cuisante, surtout quand l'intelligence des indigènes ne fait pas de doute. On a avancé, de la part des apologistes britanniques, entre autres prétextes de ne pas rendre leur pays aux Egyptiens, leur éducation, leur tempérament, leur enseignement, leur peu de hauteur morale, même certaines tendances héréditaires prétendues. On a dit aussi — peut-être avec une part de vérité — que les nationalistes égyptiens sont en proie aux jalousies, aux rivalités, aux contrastes d'idées et de buts, et qu'ils se sont attiré le mépris et la défiance par des excès en politique, des indiscrétions et des contradictions. S'il est vrai, est-ce que l'Angleterre leur a jamais tendu une main secourable pour les guider sur la voie qui mène finalement à l'indépendance ? Les a-t-elle encouragés, ou les a-t-elle bâillonnés quand ils réclamaient hautement la liberté ?

Pour ne parler que des disputes entre nationalistes égyptiens, où est la raison d'affirmer qu'ils ne sont pas unis par un principe ? M. J. M. Robertson a écrit, à ce sujet : Il va sans dire qu'ils sont divisés. Ils le sont à leur façon, comme les Anglais le sont en Libéraux, Tories et Travaillistes ; comme les

Tories à leur tour le sont en Protectionnistes et Libre-échangistes, comme les Libéraux le sont en démocrates et impérialistes ; comme les Home-rulers irlandais (Autonomistes) le sont ; comme les Socialistes le sont ; comme les hommes libres en tout lieu et toujours l'ont été et le seront là où il s'agit de l'action politique. Sans divisions politiques, plus de politique. Des arguties de ce genre, ou les grands mots d'incapacité, d'immaturité, n'ont pas que nous sachions retenu le peuple anglais d'accorder l'autonomie aux Grecs, aux Serbes, Bulgares, Roumains, Russes, même aux Persans. Là seulement où ils détiennent l'influence prédominante ils sont trop disposés à refuser à une race autre que la leur l'écolage qui, ils le savent parfaitement, a été leur sauveur politique. Ils ne peuvent sans péril pour eux-mêmes, persister à garder cette attitude équivoque. Déjà ils ont presque tous fini par comprendre qu'il est absurde d'attribuer au «caractère irlandais» les bévues de leur règne en Irlande ; ce serait chose à redouter pour eux-mêmes si, une fois que ceux qu'ils ont si mal gouvernés seront arrivés à se mieux connaître eux-mêmes et à avoir de plus hautes aspirations, les Anglais aussi ne s'élevaient pas à un noble idéal de fraternité avec les races qu'il est en leur pouvoir d'aider à grandir et à avancer. »

Ce même auteur, poussé à critiquer notre régime en Egypte par les mêmes abus qui lui faisaient élever la voix contre le manque d'hygiène dans les grandes villes de l'Egypte, pose une question : « De quel front nos fonctionnaires et les autres panégyristes du contrôle britannique accueillent-ils le reproche que notre domination n'a procuré aux Egyptiens aucune réforme sanitaire et que le Caire à l'heure actuelle n'a pas d'égoûts, pas plus qu'il n'a de municipalité ? » Le Professeur Steindorf, sans méconnaître le moins du monde le bien que l'Angleterre a fait en Egypte, lui fait aussi un grief d'avoir laissé bien des lacunes dans le développement de l'hygiène. La mortalité infantile est extrême. Dans les grandes villes la mortalité du typhus et de la petite vérole était ces temps-ci encore de 38 %, en regard de 25 % qui est le taux des provinces.

Le chiffre le plus effrayant est celui des ophthalmies. M. Willmore relate que Sir Ernest Cassel (renégat allemand, né à Cologne, fils de Jacques Cassel, banquier de cette ville, où il a été aussi élevé), a été un homme bienfaisant pour les Egyptiens ; nous ne voyons du reste pas le mérite qu'à eu l'occupation britannique. Ce généreux donateur, a dit-il, aidé de son argent à la lutte contre l'ophthalmie. Après tout, ce n'est pas tellement demander à un homme qui a de si grands intérêts engagés en Egypte, et a retiré de ce pays de tels avantages pécuniaires. Mais comment se fait-il qu'on se taise sur les hôpitaux allemands du Caire et d'Alexandrie, où l'on a rendu les plus grands services à une foule d'Anglais, qu'on se taise sur la vaillance et l'abnégation des Allemandes si bonnes qui sont attachées au service de ces hôpitaux et qui, depuis les jours orageux de 1882 ont fait tant de bien à nos soldats et à tous les autres ? Laissons la renommée dire ce qu'un homme a fait à lui seul pour arrêter le fléau de l'ophthalmie en Egypte, mais en regard de ses efforts, mettons les cent-cinquante mille aveugles indigènes qu'il y a dans ce pays, et les trois-cent-soixante-cinq-mille borgnes, donc les quatre et demi pour cent de la population, qui ont perdu un œil ou tous les deux ! Sir Ernest Cassel fait ce qu'il peut, et Lord Kitchener ne veut pas en démordre d'extraire 10,000 livres du Trésor public pour déterrer du milieu des décombres une statue des Pharaons « oppresseurs » et pour l'ériger — monument de sa propre gloire — sur la place la plus marquante du Caire.

Il n'y a que l'éducation pour amener les paysans indigènes à comprendre les premiers principes de l'hygiène. C'est un spectacle pitoyable que celui de ces enfants aux yeux malades et qui grouillent au bord de toutes les routes, au coin de toutes les rues de villages ou de villes d'Egypte ! Triste à dire, on se fait à ce spectacle ; mais avec 10,000 livres pour la répression de ce fléau, que de chemin ne ferait-on pas ! Dites à une mère que son enfant perdra certainement la vue, si elle ne veut pas chasser les essaims de mouches dont sont couverts ses yeux enflammés, elle vous répondra qu'«Allah a fait les mouches pour dévorer la saleté» qui s'étale sur le visage de son enfant. Il faut beaucoup de temps et de patience pour ôter du cerveau d'une paysanne ignare cette superstition enracinée ; elle aura plus de foi dans son amulette pour garder son enfant du mauvais œil, parce que c'est ce qu'on lui a appris quand elle était enfant.

On y arrivera, avec des efforts sincères, mais nous disons qu'on ne les a pas encore faits. Quand une cause est en détresse, il est inutile de vouloir la sauver par les plaidoyers les plus savamment préparés du monde, et étayés qu'ils soient sur la *suppressio veri suggestio falsi* et nous éprouvons du regret à voir un juriste de profession avoir recours à la bonne vieille maxime quelque peu usée : « quand le cas est mauvais, c'est le confrère qu'on envoie pendre ». Ici la partie adverse c'est l'auteur ou le compilateur du pamphlet de Denchavai ; son avocat est, dirait-on, l'Allemagne. En l'envoyant pendre de tout son cœur, M. Willmore pense grandir la réputation de l'Angleterre ; il ne devrait pas ignorer qu'une injure n'est pas un argument, et qu'il n'y a rien comme ce moyen pour trahir une cause boiteuse. Il devrait se le graver d'autant plus nettement dans l'esprit, qu'il est lui conseil du défenseur, qui est l'Angleterre.

Nous avons eu soin de le dire au début de cet écrit, nous n'avons pas patente pour défendre l'Allemagne; la foi qui nous anime veut le combat à visière ouverte, et sans ravir l'honneur à qui l'honneur est dû. C'est pourquoi nous avons parlé des hôpitaux allemands et pourquoi nous parlerons même des écoles allemandes en Egypte ,qui étaient tellement plus réputées que les nôtres, que beaucoup de jeunes Anglais les fréquentaient, pour y avoir une meilleure instruction. Triste exemple, que nous donnions, dans un pays où nous avions la suffisance de vouloir être les maîtres civilisateurs. La position de l'Allemagne en Egypte a grandi sans cesse à proportion que celle de l'Angleterre baissait. Cela se voit aux chiffres officiels des rapports sur le commerce de ces deux pays. En 1911, à teneur de la statistique, l'Angleterre avait part pour 24,000,000 de Livres au commerce égyptien, par l'importation en Egypte de produits textiles, charbon, bois, fer et autres métaux, et ferronerie ; d'autre part le coton faisait les 4,5 de l'exportation de l'Egypte en Angleterre. L'Allemagne n'atteignait en 1913 que le quart de ce chiffre, soit 112,000,000 de Marks ou 5,600,000 L.; elle occupait néanmoins le second rang, qu'elle avait enlevé à la France en 1912. Tandis que l'importation et plus encore l'exportation déclinaient sensiblement au cours des années, du côté anglais, l'avance de l'Allemagne ne cessait pas durant les quinze années précédentes et était arrivée au septuple ! Les documents officiels démontrent que l'Allemagne, grâce à la bonne qualité et au bon marché de sa marchandise, à la pénétration scientifique et à un travail diligent, avait conquis de vive force une position sûre dans la bataille commerciale, ce qui excitait les ressentiments et la jalousie de notre classe commerçante. Le coton brut était pour les 2/3 dans les matières premières tirées par l'Allemagne de l'Egypte en 1913.

A parler franc, nous Anglais, nous n'aimons guère ces compétiteurs ; nous disons même qu'ils sont protégés par leur gouvernement, qui leur fait des subsides ; qu'autrement ils ne pourraient pas réussir. Si tel est le cas, nous a-t-on jamais donné la raison qu'a eue le gouvernement britannique de ne pas protéger les commerçants anglais ? Ou n'est-ce pas plutôt qu'on a essayé de le faire par dessous main et qu'on s'y est mal pris ? Au moins, c'est ce qu'on se redisait, mais assez haut. Dans tous les cas, du moment que nos apologistes proclament le soin que nous avons des intérêts de tous, et comme quoi nous occupons ce pays pour le bénéfice de tous, notre prétendue intégrité n'est qu'une piteuse parade si, en même temps, nous ne savons que nous plaindre d'être volés au jeu et de nous faire débouter dans le champ même qui nous est ouvert comme aux autres, à armes égales, celui de la compétition commerciale. Qui plus est, dans le pays même où tous les atouts sont pour nous.

Nous avons déjà parlé aussi du renchérissement de la vie. Il n'est pas sans quelque rapport avec la culture du coton. Jadis, l'Egypte pourvoyait aisément à sa subsistance, sans aucune assistance du dehors, pourvu que la crue du Nil fût dans la bonne moyenne. Dès les temps de Joseph on avait vu de mauvaises années, comme partout dans ce monde ; seulement, à partir de Lord Cromer, il n'a plus été question pour les Egyptiens de se procurer chez eux à aucune condition la nourriture indispensable, parce qu'on a mis le sol toujours plus à produire du coton. Tout le terrain qu'occupait autrefois le riz et les céréales est envahi par le coton, quand on le juge à propos. Par exemple nous lisons que le barrage d'Assouan, même exhaussé, avec son énorme capacité de 2,423,000,000 mètres cubes à ajouter à la provision d'été, se trouva insuffisant en 1914 pour satisfaire aux demandes des cultivateurs de riz et de coton. Le Ministère des Travaux Publics donna des ordres pour régler la distribution de l'eau de façon que la cultivation du riz devint impossible. »

L'antique système d'irrigation par bassins faisait couler l'eau du Nil à travers de vastes bassins qu'elle fertilisait, mais ne permettait aux récoltes de croître qu'entre les mois d'août et de mars ; assez du moins pour suffire aux besoins de l'alimentation du pays, et avec un excédant pour la culture du riz et d'autres produits du sol. Le coton croit principalement entre les mois de mars et d'octobre, et c'est pour favoriser cette récolte-là qu'on introduisit le système de l'irrigation permanente. Ici l'on nous demandera : si la provision d'eau actuelle est insuffisante pour cultiver à la fois le riz et le coton — et par conséquent si l'Angleterre est obligée de remplir les greniers de l'Egypte, à un prix de revient énorme pour le consommateur, de céréales étrangères, où prendra-t-on l'eau qu'il faut pour que l'Angleterre continue à faire ses immenses bénéfices sur le coton ?

Voici : d'après le projet qui a été adopté, on se servira d'un barrage sur le Nil Blanc, pour retenir une partie des eaux de la crue, qui pourront en même temps faire supplément, en cas de besoin, à la provision estivale ; mais cela même ne suffit pas, et l'on travaille à des plans qui prennent le Nil au point où les cours d'eaux sortent des grands lacs de l'Afrique Centrale et de l'Abyssinie. Pas à pas nous trouvons la clef de la situation de l'Egypte. M. Moseley, qui évidemment a reçu des inspirations sur la politique future de la Grande-Bretagne en Egypte, nous dit que « lorsque l'irrigation permanente s'étendra aussi au reste de la Haute-Egypte, bien entendu, au profit de la culture du coton, à exclusion entière de celle des céréales à l'usage des natifs, pour lesquels par conséquent la vie renchérira beaucoup par la nécessité d'acheter des matières alimentaires importées »; mais après tout qu'est-ce que cela fait au gouvernement britannique ou au marchand de coton — « et que l'entrée du Delta aura été revendiquée pour la culture, il n'y aura plus que le contrôle des lacs équatoriaux qui puisse fournir à suffisance des besoins. Alors, et alors seulement, le développement du Delta aura son accomplissement. Alors seulement le pays pourra avoir une population dense ». Nous avons dit quelle densité elle a déjà.

M. Moseley conclut en ces termes des plus rassurants : « Ce jour-là, l'Egypte pourra facilement produire pour Manchester beaucoup plus du double de tout son coton actuel ; sa production est à présent de 7,500,000 kantar (1 kantar = un peu moins de 100 livres anglaises). Et ceci sans compter ce Nouveau-monde du coton du Soudan ». Voilà donc un jour qui s'ouvre sur cette question du prêt de trois millions de livres que M. Lloyd George, en 1913, demandait à la Chambre des Communes de garantir pour le Soudan, et voilà le résultat immédiat de la requête qu'avait adressée à ces fins, au mois de janvier de la même année, une députation de marchands à M. Asquith. Dans l'exposé de ces motifs, il paraît que M. Lloyd George, à en croire le *Daily Telegraph*, dépeignit avec les les couleurs les plus roses les capacités de ce pays pour la culture du coton... il n'aurait pas pu y plaquer des couleurs plus brillantes et avec plus de vigueur s'il avait eu à élaborer le prospectus d'une compagnie ». Rien ne fait mieux toucher du doigt l'ascendant d'un Kitchener sur un Premier Ministre et son Ministre du Trésor. Non sans quelque tristesse M. Moseley commente ainsi : « Personne ne met en doute que cet emprunt de trois millions de livres ne fût destiné à être un jour un excellent placement ; ce n'est que quand éclata la guerre européenne de 1914 que la perspective sembla pâlir ».

La détérioration des récoltes de coton et les ravages du ver du coton, véritable fléau qui réapparaît chaque année, sont matière à sérieuse considération, et pourraient nous mener quelque jour à modifier la culture du coton en Egypte et la construction des ouvrages pour l'irrigation, et en ce cas notre travail et nos débours auront été pour rien. On a noté le fait que « au temps d'avant les réformes il n'y avait pour ainsi dire pas de ver-du-coton et les récoltes étaient de meilleure qualité. De plus le coton actuel, quoique plus blanc que le coton *bamia* d'avant les réformes, ne rend pas autant ; les récoltes de *bamia* étaient plantureuses, à tel point qu'on obtenait facilement douze kantar d'un seul *feddan*... Le fellah faisait de son mieux pour tirer ce qu'il pouvait de la quantité pas très forte d'eau qu'il avait; il labourait son terrain deux et trois fois, le laissait ensuite parfaitement assécher, ce qui tuait le ver-du-coton ». Aujourd'hui on prend le contre-pied. « Les ouvrages d'irrigation ont fourni au fellah de l'eau en abondance, il inonde son terrain, l'eau y croupit ; et dans son avidité de tirer trois ou quatre récoltes s'il peut du sol, continue bien à faire les labours deux ou trois fois comme du passé, mais dans un laps de huit à quinze jours ; le terrain n'est pas asséché et le ver-du-coton se propage... » Ainsi, avec les conditions modernes, les récoltes sont détruites par le ver et on a vu certaines de ces dernières années ne rendre que *deux kantar* par *feddan* en regard des *douze kantar* qu'on avait dans ces jours que Lord Cromer a appelés « à moitié barbares ».

Les auteurs de différentes nationalités ne se sont pas fait faute d'imputer à Lord Cromer et à ses réformes la diminution de la quantité et de la qualité du coton. L'un d'eux, un Egyptien, dit : « Les ingénieurs n'entendent rien à l'agriculture et ne s'y intéressent pas ». C'était bien clair à la lecture d'un article de l'*Egyptian Gazette*, du 29 décembre 1909, dont nous donnerons un extrait : « Si éminent que puisse être un ingénieur des canaux dans sa profession, il n'est pas un agriculteur, et il va son chemin, comme de juste, sans se préoccuper de ce qui touche l'agriculteur... Grâce à cette ignorance du métier agricole, les préposés à l'irrigation ordonnent souvent de nettoyer les canaux et les tuyaux à un moment où leur fermeture qui précède le nettoyage, a un effet désastreux pour les récoltes. Un ingénieur des canaux ira de gaîté de cœur fermer un canal en mars et un tuyau en juin, au plus grand détriment de la région d'alentour ».

Lord Kitchener savait ces choses peut-être mieux que quiconque, cela ne l'empêcha pas de mettre un ingénieur du Département de l'irrigation, M. John Langley, à titre de sous-secrétaire d'Etat, dans le Ministère de l'Agriculture qu'il venait de créer, et au-dessus de M. Gerald-C. Dudgeon, qui avait de bonne heure fait ses premières expériences d'agriculture en Inde et dans l'Ouganda, avait été Inspecteur général de l'Agriculture de l'Ouest-africain, et s'était acquitté pendant quelques années de son poste de Directeur général de l'Agriculture en Egypte à la satisfaction complète du gouvernement. Actuellement, M. Dudgeon a le titre d' « Agriculteur-Consultant », mais il a un chef qui ne connaît pas, à ce qu'on dit, « la différence d'une capsule de coton et d'un épi de blé », mais qui « danse en mesure », de façon qu'il faut s'attendre à ce qu'il fasse tout ce que M. Dudgeon lui dira de ne pas faire — si encore il lui demande un avis.

Nous avions déja plus haut entamé une discussion sur la façon scandaleuse dont on fait choix des fonctionnaires anglais en Egypte ; ce dernier cas nous en a remis d'autres en mémoire, qu'il vaudrait peut-être la peine de tirer au clair. Prenons par exemple celui de Sir George Bohun Macauley, qui fut fait C. K. M. G. en 1912, on ne sait pas au juste pourquoi. Il a été Administrateur général des Chemins de fer de l'Etat égyptien dès 1906 ; il avait déjà servi dans l'armée égyptienne en 1896. Il était entré en 1889 dans les rangs dè l'armée britannique au Corps royal des Ingénieurs ; il arriva aux grades de capitaine et de major en 1900, et prit sa retraite en 1912. Tout d'abord on est intrigué de savoir à quelle occasion cet officier a étudié l'administration des chemins de fer, et en vertu de quelles qualités il occupe un poste technique si important, qui était absolument le fait d'un ingénieur des chemins de fer de profession. Mais où il y a scandale, c'est quand Sir George Macauley, qui n'a quitté l'armée qu'en 1912, — six ans après sa nomination comme Directeur général des Chemins de fer de l'Etat — touche maintenant une pension (en équivalent de laquelle il avait une gratification du gouvernement britannique) ; puis un salaire élevé du gouvernement égyptien ; puis lorsqu'il se retirera du service une jolie pension de ce même gouvernement. C'est juste, ne faut-il pas que l'Ecriture soit accomplie, ainsi qu'il est écrit : « il sera donné à celui qui a, et à celui qui n'a pas il sera ôté même le peu qu'il a ». Le pauvre diable « qui n'a pas », on comprend que c'est le fellah.

Nous pourrions multiplier ces exemples. Ainsi celui d'un éminent comptable qui, ayant pris sa retraite et pensionné du service hindou, passant par l'Egypte pour rentrer en Angleterre, y tomba comme par hasard sur un joli poste du service égyptien et l'occupa plusieurs années. Pendant cette période il cumulait sa pension hindoue, qui était forte, son salaire égyptien et toucha deux années pleines du service hindou à proportion du temps pendant lequel il avait renoncé à son congé légal pour rester en Inde. Ou encore, voici le cas typique de Lord Edward Cecil, dont nous avons déjà parlé, et qui après avoir servi dans les Grenadiers de la Garde dès 1887, jusqu'à peu après la guerre du Transval, devint Agent général du Gouvernement soudanais et Directeur des renseignements au Caire, puis sous-secrétaire à la Guerre et aux Finances, avant d'être nommé Conseiller aux Finances. Il est de notoriété qu'il n'entend rien aux finances.

Nous ne travaillerons pas davantage ce sujet. Il n'est guère agréable ; mais nous devions à l'Egypte d'attirer l'attention sur la façon dont nous choisissons ses administrateurs et dont nous l'administrerons ; car il y a une nécessité impérieuse à changer absolument de manière de faire.

Le moment approche où le Gouvernement britannique ne rougissant plus de jeter au vent ses promesses aussi bien que ses subterfuges, proclamera l'annexion de l'Egypte aux Dominions de l'Empire. Tout le fait prévoir, et l'a fait prévoir dès l'instant de l'acquisition du Soudan, après qu'on l'avait une première fois abandonné. On peut même dire que les premiers germes de ceci sont bien plus anciens. Le passage qui mène en Inde fut convoité, tenu sous bonne garde et pris dès les premiers jours que la conquête de l'Inde put être considérée comme un fait accompli. Le livre de Kingslake intitulé *Eothen* nous donne à connaître les sentiments qui remplissaient l'esprit de tous les Anglais accoutumés à réfléchir, il y a bien des jours de cela ! « L'Anglais, faisant front de toute sa force pour garder l'Inde qu'il chérit, mettra le pied solidement sur les berges du Nil, et s'assiéra sur les sièges des Croyants ». Kingslake qui devint ensuite l'historien fameux de la Guerre de Crimée, écrivait ceci quelque quarante ans avant que l'occupation de l'Egypte fût effectuée en 1882. Pendant son voyage à Constantinople, en Syrie et en Egypte, il avait eu des occasions uniques d'étudier la valeur de l'Egypte pour l'Angleterre dans ses rapports avec notre prise du commerce et de la politique de l'Inde. Peut-être était-il encore mieux inspiré quand il préludait aux lignes que nous venons de citer par ces mots : « et l'Islam dépérira ». Était-ce dit sans bien se rendre compte de ce qu'il disait ? Ou voulait-il que ses lecteurs y vissent un rapport étroit avec l'autre idée de l'Angleterre assise « aux sièges des Croyants » ?

Afin d'accomplir donc cette prophétie, on a tendu tous les ressorts de son esprit pour acquérir des ports convenables et des points avantageux. On voit Sir Richard Burton écrire en 1856 : « On a conseillé d'occuper le port de Berbéra, pour diverses raisons. D'abord, Berbéra est le seul endroit propre à la navigation sur la côte ouest de la Mer Rouge, de Suez à Guardafui. Adossé à des pays propres à la culture, à des colonies couvertes de pins et d'autres essences de prix, jouissant d'un climat relativement tempéré, avec une mousson régulière quoique faible, ce port a été l'objet des convoitises de plus d'un conquérant étranger. Les circonstances nous l'ont en quelque sorte jeté dans les mains, et si nous refusons cette bonne fortune, quelque autre nation rivale ne sera pas si aveugle ». Plus tard, en 1884, Lord Granville informait la Sublime Porte qu'il était de l'intention du gouvernement britannique de prendre des arrangements « pour le maintien de l'ordre et la sécurité des intérérêts britanniques, *spécialement à Berbéra,* où Aden s'approvisionne en grande partie ».

Les « arrangements » furent bientôt terminés, en dépit des protestations de la Turquie ; on mit quelques forces à la disposition du gouvernement britannique, et l'année suivante Lord Lyons fut autorisé à notifier au Gouvernement français que Berbéra, ainsi que le port voisin de Bulhar étaient englobés dans les Dominions de la Couronne britannique à titre de « Protectorats » ou territoires protégés.

Il a paru cette année-ci la seconde édition d'un livre récent de Lord Eversley : *L'empire turc, son accroissement et son déclin.* L'auteur, plus connu de la génération antérieure sous le nom de J.-G. Shaw-Lefèvre, fut élevé à la pairie en 1906 ; il a maintenant 86 ans. Il s'est occupé beaucoup des questions orientales et a voyagé souvent en Orient dès 1855 et 1857, alors qu'il visita Constantinople. Après avoir occupé certains postes officiels, il fut membre du Cabinet Gladstone de 1892 à 1893 ; on peut donc le regarder comme un type d'homme politique britannique. Il approcha personnellement le Sulan Abdul Hamid. La relation qu'il vient de nous donner s'étaie principalement, il le reconnaît d'ailleurs, sur le grand ouvrage en dix-huit volumes du professeur allemand von Hammer ; il l'a « corrigé en certains points importants... traitant le sujet d'un autre point de vue, et amenant la narration jusqu'au commencement de la guerre mondiale de 1914 ». Ces « corrections » et telles autres opérations qu'on a pu pratiquer ne nous empêcheront pas de citer cet ouvrage, parce que Lord Eversley, associé étroitement comme il le fut à l'homme qui déclarait au chef nationaliste Moustapha Pacha Kamil que le moment de rendre l'Egypte aux Egyptiens était passé, ancien Directeur des Postes du Gouvernement Gladstone vers le temps de l'occupation de l'Egypte, ayant été en quelque sorte assis aux pieds du Maître, dont il connaît toute la pensée sur l'Egypte — cet homme, disons-nous. est un type de la classe gouvernante anglaise et nous apporte un témoignage certain des instincts enracinés qui prévalent sur l'esprit de l'officialité britannique au sujet de l'Egypte.

Il écrit ce qui suit — s'adaptant à l'heure présente, allant à l'encontre des dogmes de son ancien Chef, et reprenant l'ouvrage du professeur von Hammer « sous un aspect un peu changé » ;

« En Egypte, le despotisme éclairé de Méhémet Ali avait dégénéré dans l'administration corrompue de son petit-fils Ismaïl Pacha. L'Egypte tomba aux mains de prêteurs français et anglais et des millions empruntés furent dissipés par le Pacha avec peu ou pas de profit pour le pays. La banqueroute guettait l'Etat, et les créanciers persuadèrent les gouvernements français et anglais d'intervenir en leur faveur et d'insister sur un contrôle financier par l'organe de leurs Consuls. Par la suite, en 1881, un mouvement populaire se leva contre ce contrôle étranger, et l'armée d'Arabi pacha se révolta. La France refusa de se joindre à l'Angleterre pour réprimer la révolte, et pour maintenir le contrôle à deux. L'Angleterre se mit donc à la tâche seule. Elle envoya une armée en Egypte, défit Arabi et son armée indigène, et restaura le règne nominal du Khédive. Le contrôle financier dualiste de la Grande-Bretagne et de la France fut maintenu. Mais la première établit un protectorat effectif, qui devait avoir pour résultat de faire d'elle, éventuellement, la maîtresse de l'Egypte ». Notez ces expressions : « règne nominal, protectorat effectif, éventuellement la maîtresse ».

Lord Eversley continue en ces termes : « Il n'y a pas de cas où l'action d'Abdul Hamid ait été plus présomptueuse ni plus opposée aux vrais intérêts de son Empire que le règlement de cette question d'Egypte. A l'époque dont nous parlons, la politique de la Grande-Bretagne, préconisée par les deux grands partis politiques, consistait à maintenir autant que possible l'autorité du Sultan en Egypte, et l'intégrité de l'empire turc. Quand, en 1881, le gouvernement de Gladstone proposa d'envoyer une armée, occuper temporairement l'Egypte, afin de réprimer la révolte de l'armée égyptienne, il se préoccupait beaucoup de le faire avec l'assentiment et l'appui de la Porte. Il invita Abdul Hamid à envoyer aussi des troupes en Egypte pour agir de concert avec l'armée britannique et faire valoir ses propres droits souverains. Le Sultan s'y refusa. Il ne pouvait concevoir que, au cas qu'il refusât, le gouvernement britannique voulût agir sans lui. C'est ce qu'il fit, au contraire. On débarqua une armée britannique en Egypte, elle soumit la rébellion sans aucun appui du Sultan. Trop tard seulement, Abdul Hamid découvrit la plus grande erreur de toute sa politique.

Plus tard encore, entre les années 1885 et 1887, Lord Salisbury étant Premier ministre, fut très désireux de parfaire un arrangement avec la Porte, pour arriver au retrait de l'armée britannique d'occupation. Il délégua à Constantinople un envoyé spécial, Sir H. Drummond Wolf. pour offrir au Sultan un Traité, aux termes duquel ce retrait serait opéré complètement dans sept ans, à la seule réserve que si jamais, plus tard, une intervention armée était de nouveau jugée nécessaire, on y emploierait des troupes britannique de préférence à toute autre Puissance. Cette proposition si amicale et si avantageuse fut bien accueillie de tous les ministres de la Porte, et, pour commencer, aussi du Sultan ; mais, après de longues négociations, il refusa de signer. Ensuite, s'apercevant de sa faute, il s'offrit à reprendre les négociations, mais il n'eut de Lord Salisbury qu'une fin de non-recevoir. Ces deux incidents sont d'une grande importance ; ils démontrent que si l'Egypte est devenue une dépendance de la Grande-Bretagne, elle ne peut s'en prendre qu'au pervertissement d'esprit, à la folie, à la sottise d'Abdul Hamid ». Les commentaires sont superflus. Nous avons, dans un précédent chapitre, cité les propres termes de Lord Salisbury et d'autres hommes d'Etat britanniques ; mais nous citons également Lors Evesley, sans aucune hésitation pour bien établir notre impartialité et mettre en relief les étranges pervertissements qu'on donne de nos jours pour des faits. Un peu plus loin notre auteur dit encore : Tant en Egypte qu'à Tunis, le contrôle européen a effectué une grande amélioration dans le sort des populations natives, surtout des paysans, et prouvé par l'évidence au peuple turc les graves défauts de son propre gouvernement et la corruption de son administration ».

Que dirions-nous de plus ? Durant trente-cinq ans l'Egypte a payé les frais de l'armée anglaise d'occupation, un luxe dont elle se serait bien passé ; dans cette période, l'Angleterre, aux dépens d'un pays en état de policer lui-même ses citoyens et de préserver l'ordre dans ses frontières, sans avoir recours à une force armée du dehors, s'est fait de ce pays un excellent terrain d'exercice pour les troupes qui font route vers l'Inde, et, cas échéant, une base d'opérations dans la Méditerranée, sous le prétexte, qui est cousu de fil blanc, de maintenir ce pays dans l'ordre ». Sans remords nous avons exploité ce pays et l'avons employé à nos fins sans souci des besoins les plus pressants des natifs. Sans souci de notre honneur, ni de notre prestige à garder parmi les nations, non seulement de l'Europe, mais aussi de l'Orient, nous avons manqué à nos promesses, et nous nous sommes dégradés aux yeux de ceux-mêmes que nous prétendions élever à une condition propre pour l'indépendance et l'autonomie. En un mot, l'Angleterre a échoué dans sa mission en Egypte ; et tout en admettant que la question est encore pendante de savoir si l'Egypte est en état de prendre sur elle, dans un laps de temps précis, les responsabilités d'un Etat absolument autonome, nous n'hésitons pas à déclarer au nom de la Vérité et de la Justice, que le moment est venu pour nous — n'attendons pas une contrainte — de rendre compte au monde, et particulièrement à l'Egypte, de notre gestion. Nous ne pouvons tolérer qu'on inscrive à notre débit les reproches infamants que nous avons rapportés dans ces pages ; nous devons les affronter, et si nous sommes incapables de nous justifier au Tribunal mondial de l'honneur, devant lequel à présent les apparences sont si fort contre nous, alors il n'est que juste que nous nous inclinions devant son verdict, et que nous remettions le règlement des affaires égyptiennes à une gestion internationale qui se mettra à l'œuvre tutélaire des réformes dans un esprit de désintéressement commercial et économique ; et à l'œuvre de sympathie et de bonne intelligence qui aboutira à réaliser une fois le désir que disent ces mots : « L'Egypte aux Egyptiens ».

Les faiseurs prétendus de lumière, ceux que nous entendions dire au début de ce livre en les nommant des verse-lumières, ne sont parvenus qu'à nous plonger dans un labyrinthe inextricable, dans l'obscurité même, l'obscurité de l'abîme, l'obscurité palpable, tangible. Nous avons fait de notre mieux pour nous débrouiller, nous et ceux qui auront lu ces pages, dans cette extraordinaire confusion ; pour ennuyeux, souvent fâcheux toujours ardu qu'ait été ce travail, si nous avons réussi à ouvrir quelques jours et à laisser pénétrer l'air frais et les rayons dorés du soleil dans les chambres poudreuses où s'élaborent les cachoteries et les maquillages du monde officiel, nous n'aurons pas écrit en vain.

FIN